Dalai Lama XIV.

Der Sinn des Lebens

HERDER spektrum

Band 6055

Das Buch

„Ich weiß nicht, ob das Universum mit seinen unzähligen Galaxien, Sternen und Planeten irgendeinen besonderen Zweck erfüllt, aber zumindest eines ist klar: Wir Menschen, die wir auf dieser Erde leben, sind vor die Aufgabe gestellt, auf glückliche Weise zu leben."

Die eindrucksvollsten Reden und Schriften des Dalai Lama sind in diesem Buch versammelt. Der weltbekannte spirituelle Meister des Buddhismus und Weisheitslehrer gibt Antworten auf die Grundfragen des Lebens und erklärt die zentralen Elemente der Lehre Buddhas. Die Botschaft des Buddhismus lautet: Gewaltlosigkeit und Mitgefühl sind die Schlüssel zu einem sinnvollen, verantwortlichen Leben auf der Erde, zusammen mit allen Lebewesen.

Der Autor

Tenzin Gyatso, der 14. Dalai Lama, geb. 1935, war bereits als Kind geistiges und politisches Oberhaupt des tibetischen Volkes. Er ist heute der bedeutendste Repräsentant des Buddhismus. 1989 erhielt er den Friedensnobelpreis. Zahlreiche Veröffentlichungen. Bei Herder u. a.: „Tibet – Ort der Götter, Land der Tränen"; „Der Weg zum Glück".

Der Herausgeber Rajiv Mehrotra ist seit über 20 Jahren persönlicher Schüler des Dalai Lama.

Dalai Lama XIV.

Der Sinn des Lebens

Die Botschaft des Buddhismus

Herausgegeben von Rajiv Mehrotra

Aus dem Englischen von Thomas Schmidt

HERDER

FREIBURG · BASEL · WIEN

Die Originalausgabe erschien 2008 unter dem Titel:
In My Own Words: An Introduction to My Teachings and Philosophy,
übersetzt von Thomas Schmidt.

Titel der deutschen Erstausgabe:
Der Sinn des Lebens.
Herausgegeben von Rajiv Mehrotra.

www.herder.de

Umschlagkonzeption und -gestaltung:
R·M·E Eschlbeck / Hanel / Gober
Foto des Autors: © Roland Magunia/ddp

Satz: Barbara Herrmann, Freiburg
Herstellung: fgb · freiburger graphische betriebe
www.fgb.de

Gedruckt auf umweltfreundlichem, chlorfrei gebleichtem Papier
Printed in Germany

ISBN 978-3-451-06055-7

Dieses Buch ist allen fühlenden Wesen gewidmet,
auf dass wir frei sein mögen von Leiden.
Und es ist all den großen Lehrern aller Traditionen gewidmet,
die uns den Weg zur Befreiung weisen.

Inhalt

Vorwort

Die von Seiner Heiligkeit dem Dalai Lama (Tenzin Gyatso) ins Leben gerufene *Foundation for Universal Responsibility* ist erfreut, glücklich und fühlt sich geehrt, diese kurze Einführung in seine Ideen, seine Lehren und seine Botschaft für unsere zerrissene und Not leidende Welt präsentieren zu dürfen, die Seine Heiligkeit hier in seinen eigenen Worten vorträgt.

Tenzin Gyatso, dessen Eltern Bauern waren, bezeichnet sich selbst als „einfachen buddhistischen Mönch". Er wird von Millionen von Menschen auf der ganzen Welt für seine tiefen Einsichten in das Wesen des Menschen, in die Ursachen unserer Erfahrung des Leidens und in die Methoden, mit deren Hilfe sich Glück finden lässt, verehrt. Dies ist das Ergebnis seiner tiefen und fortwährenden Bemühungen und Erfahrungen mit einigen der höchstentwickelten und vielschichtigsten spirituellen Techniken und Praxisformen in der Geschichte der Menschheit.

Für Buddhisten auf der ganzen Welt verkörpert er das Wesen ihres Glaubens, ein Sinnbild des höchsten menschlichen Strebens; er ist für sie ein *Bodhisattva*, ein Wesen, das sich bewusst dafür entschieden hat, als Mensch wiedergeboren zu werden – mit dem unvermeidlichen Leiden des Alters, von Krankheit und Tod –, um die Menschheit zu unterweisen und ihr zu dienen.

Ungeachtet des fortwährenden Genozids, der durch die chinesische Regierung verübt wird, repräsentiert der Dalai Lama für über sechs Millionen Tibeter die Hoffung auf eine Zukunft in Tibet, um dort eine alte Zivilisation wiederzubeleben, die altes und neues Denken miteinander verbindet und die Vision des Dalai Lama zur Realität werden lässt. In Übereinstimmung mit den buddhistischen Lehren setzt er seine Bemühungen für eine Demokratisierung der Exiltibeter fort. Er hat vielfach betont, dass es bei der Tibetfrage nicht um die Zukunft des Dalai Lama geht, sondern um die Rechte und die Freiheit aller Tibeter innerhalb und außerhalb Tibets. Heute gibt es eine gewählte, selbstständige Exilregierung, einen Premierminister und ein Gerichtswesen. Er hat wiederholt darum gebeten, sich aus der Führung der weltlichen Angelegenheiten Tibets zurückziehen zu dürfen; aufgrund seiner herausragenden weltweiten Bedeutung und der Liebe seines Volkes steht er aber weiterhin für diese zentrale Aufgabe zur Verfügung. Für Millionen von Menschen auf der ganzen Welt ist er einfach „Seine Heiligkeit“, berühmt für sein Lächeln und seine Botschaft von Mitgefühl, Uneigennützigkeit und Frieden.

Wie alle großen Lehrer verkörpert der Dalai Lama das, was er lehrt, und übt sich in dem, was er predigt. Obwohl er über 70 Jahre alt ist, praktiziert er regelmäßig eine feste Reihe von Übungen, die um vier Uhr morgens beginnen und mehrere Stunden dauern, und er empfängt weiterhin Unterweisungen und Einweihungen durch andere Lamas. Es existiert für ihn kein einzelner Gipfelpunkt, kein herausragender Moment der Offenbarung, in dem allumfassende Erleuchtung stattfindet. Obwohl er von anderen als lebender Buddha betrachtet und verehrt wird, nimmt er dies für sich selbst nicht in Anspruch. Wie der Buddha betrachtet er sich als „gewöhnliches" menschliches Wesen, wie wir es alle sind. Indem wir die Stufen des Weges praktizieren, kann jeder von uns glücklich werden und Leiden vermeiden.

Seine Heiligkeit fühlt sich der Idee der Vielfalt verpflichtet und erkennt die Einzigartigkeit jeder einzelnen Person an – ihre individuellen Bedürfnisse, Herkunft und Sichtweisen. Er lädt uns nicht nur ein, sondern ruft uns dazu auf, so viel wie möglich von anderen Traditionen zu lernen; er rät uns aber auch, unseren eigenen Weg des Lernens und persönlichen Wachstums zu gehen. Der Dalai Lama bestärkt uns, jeden Lehrer beziehungsweise jede Lehre einer gründlichen Prüfung zu unterziehen und große Sorgfalt walten zu lassen, bevor wir uns für eine Richtung entscheiden. Es ist ihm ein Anliegen, spirituellen Dilettantismus zu verhindern. Auf dem Weg zum Glück und zur Erleuchtung gibt es keine Abkürzungen; kein Kurz-, Wochenend- oder Wochenseminar reicht dafür aus. Der Weg ist das Ziel, und der Zeitpunkt, sich auf den Weg zu machen, ist die sich stets aufs Neue entfaltende Gegenwart.

Seine auf Integration unterschiedlicher Sichtweisen beruhende, allumfassende Vision hat den Dalai Lama dazu veranlasst, der ganzen Welt die Hand zu reichen, und damit geht sein Einsatz weit über sein Einstehen für die Rechte der Tibeter sowie über seine Stellung als einer der großen spirituellen Meister unserer Zeit hinaus. Mit seiner Philosophie, dass alle einbezogen werden sollten, erreicht er ein breites Spektrum an Menschen und Gruppen; ihm geht es um einen echten Dialog zwischen den verschiedenen Glaubensrichtungen und um einen intensiven Austausch mit Wissenschaftlern, Politikern, Akademikern, Unternehmern und Aktivisten. Auf diese Weise können wir gemeinsam ein bloß synkretistisch gemeintes Hochhalten der „Einheit in der Vielfalt“ hinter uns lassen und zu einem tieferen Verständnis gelangen, wie wir in Frieden und Harmonie mit uns selbst, mit anderen, der Erde und dem Universum leben können. Dieses Buch lädt Sie ein, diese Reise mit einem der größten spirituellen und religiösen Lehrer aller Zeiten zu beginnen.

Erstes Kapitel

Was ist Glück?

Hinter allen Erfahrungen, die wir machen, steht eine große Frage, auch wenn wir sie vielleicht nicht bewusst stellen: Worin besteht der Sinn des Lebens? Ich habe über diese Frage nachgedacht und möchte meine Überlegungen weitergeben, weil ich hoffe, dass sie für die Leser eine direkte, praktische Hilfe sind.

Ich bin überzeugt, dass der Sinn des Lebens darin besteht, glücklich zu sein. Vom Moment seiner Geburt an sehnt sich jedes menschliche Wesen danach, glücklich zu sein und Leiden zu vermeiden. Weder gesellschaftliche Normen noch Erziehung oder eine Ideologie können diesen Wunsch zerstören. In unserem tiefsten Innern sehnen wir uns schlicht nach Zufriedenheit. Ich weiß nicht, ob das Universum mit seinen unzähligen Galaxien, Sternen und Planeten irgendeinen besonderen Zweck erfüllt, aber zumindest eines ist klar: Wir Menschen, die wir auf dieser Erde leben, sind vor die Aufgabe gestellt, auf glückliche Weise zu leben. Darum ist es wichtig, herauszufinden, was uns wirklich glücklich macht.

Zunächst einmal lässt sich jede Form von Glück und Leiden in zwei Hauptkategorien einteilen: geistiges Glück beziehungsweise Leiden und körperliches Glück beziehungsweise Leiden. Von diesen beiden hat der Geist den größten Einfluss auf die meisten von uns. Sofern wir nicht entweder schwer krank sind oder es uns an elementaren Grundbedürfnissen mangelt, spielt unsere körperliche Verfassung im Leben eine untergeordnete Rolle. Wenn unsere körperlichen Bedürfnisse befriedigt sind, schenken wir dem Körper nahezu keine Beachtung. Der Geist dagegen registriert jedes Ereignis, gleichgültig wie klein es ist. Daher sollten wir all unsere Anstrengung darauf richten, unseren Geist friedlich werden zu lassen.

Aus meiner eigenen begrenzten Erfahrung habe ich geschlossen, dass man das größte Maß an innerer Ruhe erlangt, indem man Liebe und Mitgefühl entwickelt. Je mehr wir uns um das Glück anderer bemühen, desto stärker wächst in uns ein Gefühl des Wohlbefindens. Indem wir ein inniges, warmherziges Gefühl für andere entwickeln, wird unser Geist automatisch in einen entspannten Zustand versetzt. Dies hilft, alle möglichen Ängste oder Unsicherheiten zu beseitigen, unter denen wir leiden, und es verleiht uns die Kraft, mit allen Schwierigkeiten fertig zu werden, mit denen wir konfrontiert sind. Liebe und Mitgefühl sind die eigentlichen Ursachen für ein erfolgreiches Leben.

Solange wir in dieser Welt leben, stoßen wir unvermeidlich auf Probleme. Wenn wir in solchen Situationen die Hoffnung verlieren und entmutigt sind, schwindet unsere Fähigkeit, Schwierigkeiten zu meistern. Rufen wir uns dann aber in Erinnerung, dass nicht nur wir allein, sondern jeder Leiden durchstehen muss, dann wird diese realistischere Sichtweise unsere Entschlossenheit und die

Fähigkeit, Schwierigkeiten zu überwinden, stärken. Tatsächlich kann man mit dieser Haltung sogar jedes neu auftauchende Hindernis als wertvolle Gelegenheit betrachten, unseren Geist zu schulen! So können wir uns allmählich darum bemühen, mitfühlender zu werden; das heißt nicht nur, echtes Verständnis für das Leiden anderer zu entwickeln, sondern auch, unseren Willen zu stärken und ihnen zu helfen, sich von ihrem Leiden zu befreien. Als Folge werden unsere Gelassenheit, Heiterkeit und innere Stärke wachsen.

Unser Bedürfnis nach Liebe

Letztlich ist der Grund, warum Liebe und Mitgefühl uns das größtmögliche Glück bescheren, schlicht der Tatsache geschuldet, dass wir sie unserem Wesen nach über alle anderen Dinge stellen. Das Bedürfnis nach Liebe bildet das Fundament unserer menschlichen Existenz. Es resultiert aus der tiefen wechselseitigen Abhängigkeit, die wir alle miteinander gemeinsam haben. Es spielt keine Rolle, über wie viele Fähigkeiten oder welches Geschick ein Einzelner verfügt, allein wird er oder sie nicht überleben können. Es spielt keine Rolle, wie stark und unabhängig sich jemand in den erfolgreichen Zeiten seines Lebens fühlt, wenn er krank, sehr jung oder alt ist, muss er sich auf die Hilfe und Unterstützung anderer verlassen.

Natürlich, wechselseitige Abhängigkeit stellt ein fundamentales Naturgesetz dar. Nicht nur höhere Lebensformen, sondern auch viele äußerst kleine Insektenarten sind soziale Wesen, die – ohne eine Form von Religion, Gesetzgebung oder Erziehung – deshalb überleben, weil sie aufgrund einer angeborenen Einsicht ihre wechselseitige Verbundenheit erkennen und miteinander kooperieren. Selbst auf der Ebene kleinster physikalischer Phänomene herrscht das Gesetz wechselseitiger Abhängigkeit. Tatsächlich sind alle Phänomene, seien es Meere, Wolken oder die uns umgebenden Wälder, abhängig von feinsten Energiemustern. Ohne deren korrektes Ineinandergreifen lösen sich die Erscheinungen auf und zerfallen.

Weil wir auch als Menschen vollkommen auf die Hilfe und Unterstützung von anderen angewiesen sind, bildet unser Bedürfnis nach Liebe die elementare Grundlage unserer menschlichen Existenz. Deshalb brauchen wir wirkliches Verantwortungsgefühl und aufrichtige Sorge um das Wohlergehen anderer.

Wir sollten darüber nachdenken, worin unser menschliches Wesen eigentlich besteht. Wir sind keine maschinell hergestellten Gegenstände. Wären wir bloße Maschinen, dann könnten Maschinen all unser Leiden mindern und unsere Bedürfnisse und Sehnsüchte erfüllen. Da wir jedoch nicht bloß materielle Kreaturen sind, ist es ein Fehler, zu hoffen, äußerliche Neuerungen und Entwicklungen könnten uns glücklich machen. Stattdessen sollten wir über unseren Ursprung und unsere Natur nachdenken, um herauszufinden, wer wir sind und was wir wirklich brauchen.

Wenn wir einmal die komplexe Frage nach dem Ursprung und der Entwicklung des Universums beiseitelassen, können wir zumindest darin übereinstimmen, dass jeder von uns das Produkt seiner Eltern ist. Im Allgemeinen ist der Moment der Zeugung nicht nur das Ergebnis sexueller Wünsche, sondern entspringt auch der Entscheidung der Eltern für ein Kind. Eine solche Entscheidung basiert grundsätzlich auf Verantwortungsgefühl und Uneigennützigkeit – dem tiefen Wunsch der Eltern, für ihr Kind zu sorgen, bis es selbständig ist. Also ist die Liebe unserer Eltern unmittelbar mit unserer Zeugung verbunden – vom ersten Moment der Zeugung an. Außerdem hängen wir nach unserer Geburt vollkommen von der Fürsorge unserer Mütter ab. Einigen Wissenschaftlern zufolge hat die jeweilige psychische Verfassung einer Schwangeren, zum Beispiel Zufriedenheit oder Aufgeregtheit, direkte körperliche Auswirkungen auf ihr ungeborenes Kind.

Das Gefühl von Liebe ist auch nach der Geburt sehr wichtig. Weil wir als Erstes damit beginnen, Milch aus der Brust unserer Mutter zu saugen, fühlen wir uns ihr natürlicherweise nah und verbunden, und sie muss ein Gefühl der Liebe für uns empfinden, um uns richtig nähren zu können; würde sie Ärger oder Groll empfinden, könnte die Milch nicht frei fließen. Danach folgt die kritische Phase der Gehirnentwicklung, die bis zum dritten oder vierten Lebensjahr andauert und in der ein liebevoller körperlicher Kontakt der wichtigste Faktor für die normale Entwicklung des Kindes ist. Wenn das Kind nicht getragen, umarmt, gestreichelt und liebevoll umsorgt wird, beeinträchtigt dies seine allgemeine Entwicklung und die Reifung des Gehirns kann nicht ordentlich verlaufen.

Sobald die Kinder älter werden und in die Schule kommen, muss ihr Bedürfnis nach Unterstützung von den Lehrern erfüllt werden. Wenn eine Lehrerin oder ein Lehrer nicht nur akademisches Wissen vermittelt, sondern sich auch dafür verantwortlich fühlt, Schüler auf das Leben vorzubereiten, werden diese Vertrauen und Respekt entwickeln, und was ihnen beigebracht wurde, wird einen unauslöschlichen Eindruck bei ihnen hinterlassen. Umgekehrt wird ein Schüler das, was ihm von einem Lehrer beigebracht wurde, der nicht wirklich Fürsorge für das Wohlergehen seiner Schülerinnen und Schülern zeigt, nicht lange behalten.

Heutzutage wachsen viele Kinder in einem unglücklichen Zuhause auf. Wenn sie keine richtige Zuneigung erfahren, werden sie im späteren Leben ihre Eltern kaum lieben können und nicht selten Schwierigkeiten haben, andere Menschen zu lieben. Das ist sehr bedauerlich. Daraus folgt also, dass Liebe der wichtigste Nährstoff für ein Kind ist, weil es ohne die Fürsorge anderer Menschen nicht überleben kann. Eine glückliche Kindheit, das Zerstreuen der vielen Ängste eines Kindes und die gesunde Entwicklung seines Selbstbewusstseins sind unmittelbar abhängig von der erfahrenen Liebe.

Ähnlich ist es, wenn man krank ist und im Krankenhaus von einem Arzt behandelt wird, der ein warmes, menschliches Gefühl ausstrahlt; man fühlt sich wohl, und die Motivation des Arztes, die bestmögliche Behandlung zu leisten, hat für sich genommen schon eine heilsame Wirkung, ungeachtet seiner oder ihrer beruflichen Fähigkeiten. Fehlt es dem Arzt dagegen an Menschlichkeit, legt er ein unfreundliches Verhalten an den Tag, ist ungeduldig oder unaufmerksam, wird man sich fürchten, selbst wenn er der führende Spezialist auf seinem Fachgebiet ist, die Krankheit korrekt diagnostiziert und das richtige Medikament verschreibt. Die Gefühle eines Patienten haben unausweichlich Einfluss auf die Qualität und die Vollständigkeit des Heilungsprozesses.

Selbst während einer gewöhnlichen, alltäglichen Unterhaltung haben wir Freude daran, zuzuhören, und antworten gerne, wenn der andere auf eine Weise spricht, in der sich Menschlichkeit und Wärme ausdrücken; die ganze Unterhaltung wird interessant, auch wenn das Gesprächsthema eigentlich unwichtig ist. Ist der andere dagegen kalt und barsch, fühlen wir uns unwohl und wünschen uns, das Gespräch rasch beenden zu können. Von der kleinsten bis zur wichtigsten Handlung sind Zuneigung und der Respekt von anderen wesentlich für unser Glück.

Vor Kurzem besuchte ich eine Gruppe amerikanischer Wissenschaftler, die berichteten, dass der Anteil geistiger Erkrankungen in ihrem Land äußerst hoch sei – ungefähr 12 Prozent der Gesamtbevölkerung. Während unserer Diskussion wurde klar, dass die Hauptursache nicht die mangelhafte Befriedigung materieller Bedürfnisse ist, sondern fehlende Zuneigung von anderen. Das belegt, was ich oben erläutert habe, nämlich dass uns mit dem Tag unserer Geburt das Bedürfnis nach menschlicher Zuneigung und Liebe, bewusst oder unbewusst, im Blut liegt. Sogar wenn die Zuneigung von einem Tier oder von jemand kommt, den wir unter normalen Umständen als unseren Gegner betrachten, wird sich ein Kind oder Erwachsener ganz natürlich von ihm angezogen fühlen.

Ich glaube nicht, dass es jemanden gibt, der ohne dieses Bedürfnis nach Liebe geboren wird. Und dies beweist, auch wenn uns moderne Denkrichtungen etwas anderes glauben machen wollen, dass sich Menschen nicht bloß als materielle Wesen definieren lassen. Kein materieller Gegenstand, wie schön oder wertvoll er auch sein mag, kann uns das Gefühl vermitteln, geliebt zu werden, denn unser eigentliches Wesen und unser wahrer Charakter liegen in der subjektiven Natur unseres Geistes.

Mitgefühl

Einige meiner Freunde sagten mir, dass Liebe und Mitgefühl zwar wunderbar und gut, aber nicht wirklich allzu sehr von Bedeutung seien. Unsere Welt, so meinen sie, sei kein Ort, an dem diese Eigenschaften sehr viel Einfluss und Macht hätten. Sie behaupten, Ärger und Hass seien so tief in unserem menschlichen Wesen verwurzelt, dass die Menschheit auf ewig von ihnen beherrscht werde. Ich bin nicht ihrer Meinung.

Wir Menschen existieren seit ungefähr 100 000 Jahren in der gegenwärtigen Form. Ich bin überzeugt, dass die Gesamtbevölkerung abgenommen hätte, wäre der menschliche Geist in erster Linie von Wut und Hass beherrscht worden. Aber heute, trotz all der Kriege, ist die Weltbevölkerung größer als jemals zuvor. Dies ist für mich der schlagende Beweis, dass Liebe und Mitgefühl in der Welt mächtiger sind. Und dies ist auch der Grund, wieso vor allem über unerfreuliche, unangenehme Ereignisse berichtet wird; mitfühlendes Verhalten ist so sehr Teil unseres täglichen Lebens, dass wir es als gegeben voraussetzen und aus diesem Grund weitgehend unbeachtet lassen.

Bis jetzt habe ich hauptsächlich über die positiven Auswirkungen des Mitgefühls auf unseren Geist gesprochen. Darüber hinaus trägt er aber auch zu einer guten körperlichen Gesundheit bei. Nach meiner persönlichen Erfahrung stehen mentale Stabilität und physisches Wohlergehen in enger Wechselbeziehung. Ohne Frage machen uns Ärger und Aufregung anfälliger für Krankheiten. Ist der Geist jedoch ruhig und angefüllt mit positiven Gedanken, wird der Körper nicht so leicht zum Opfer einer Erkrankung.

Natürlich ist es aber auch zutreffend, dass wir alle eine angeborene Selbstbezogenheit besitzen, die unserer Liebe zu anderen im Weg steht. Wenn wir uns also nach wirklichem Glück sehnen, dessen Hauptbedingung ein ruhiger Geist ist, und dieser Frieden des Geistes allein durch eine von Mitgefühl geprägte Geisteshaltung erreicht werden kann, wie können wir diese dann entwickeln? Offensichtlich reicht es nicht aus, wenn wir lediglich darüber nachdenken, wie nett Mitgefühl ist! Wir müssen uns entschlossen darum bemühen, es zu entwickeln; alles, was in unserem Alltag geschieht, müssen wir dazu verwenden, unser Denken und Handeln zu verwandeln.

Als Erstes ist es wichtig, dass wir uns klarmachen, was wir meinen, wenn wir von Mitgefühl sprechen. Viele Formen mitfühlenden Verhaltens oder einer mitfühlenden Haltung sind mit Sehnsüchten, Wünschen oder Anhaftungen vermischt. Beispielsweise ist die Liebe, die Eltern für ihr Kind empfinden, häufig eng mit ihren eigenen emotionalen Bedürfnissen gekoppelt, sodass sich nicht wirklich von mitfühlendem Verhalten sprechen lässt. In gleicher Weise beruht die eheliche Liebe zwischen Mann und Frau – vor allem in der Anfangszeit, wenn die beiden Partner den genauen Charakter des anderen noch nicht gut kennen – eher auf einem Gefühl des Hingezogenseins und des Begehrens als auf wirklicher Liebe. Unser Verlangen kann so stark sein, dass uns die Person, an der wir hängen, ausschließlich in einem positiven Licht erscheint, auch wenn sie über sehr negative Eigenschaften verfügt. Darüber hinaus neigen wir dazu, kleine positive Charakterzüge übertrieben wahrzunehmen. Wenn daher ein Partner seine Einstellung ändert, ist der andere Partner häufig enttäuscht und seine oder ihre Einstellung ändert sich ebenfalls. Dies ist ein Zeichen, dass diese Liebe mehr auf persönlichen Bedürfnissen und Wünschen beruhte als auf echter Sorge für den anderen.

Wahres Mitgefühl ist im Grunde genommen keine bloße emotionale Reaktion, sondern eine stabile, tiefe innere Verpflichtung, die auf Einsicht und Verstehen basiert. Deshalb ändert sich eine wirklich mitfühlende Haltung anderen gegenüber nicht, selbst wenn diese ein negatives Verhalten an den Tag legen.

Natürlich ist es alles andere als einfach, diese Form von Mitgefühl zu entwickeln! Lassen Sie uns zu Beginn die folgenden Tatsachen vergegenwärtigen: Gleichgültig ob Menschen schön und freundlich oder hässlich und Unruhestifter sind, letzten Endes sind sie menschliche Wesen, genau wie wir. Wie wir wünschen sie sich Glück und wollen nicht leiden. Überdies haben sie das gleiche Recht wie wir, ihr Leiden zu überwinden und glücklich zu sein. Dann, wenn wir beides – den Wunsch aller Wesen, nach Glück zu streben, und ihr Recht, sich dafür einzusetzen – anerkennen, entsteht in uns automatisch ein Gefühl der Empathie und Nähe. Indem wir unseren Geist mit diesem Gefühl der allumfassenden Uneigennützigkeit vertraut machen, entwickeln wir ein Gefühl der Verantwortung für andere: den Wunsch, anderen aktiv dabei zu helfen, ihre Schwierigkeiten zu überwinden. Dabei ist dieser Wunsch nicht selektiv; er gilt allen in gleicher Weise. Denn es gibt keinen logischen Grund, zwischen menschlichen Wesen, die genau wie wir Freude und Schmerz erfahren, zu unterscheiden oder unsere positive Grundhaltung ihnen gegenüber zu verändern, selbst wenn sie sich negativ verhalten.

Lassen Sie mich betonen, dass es – Geduld und Zeit vorausgesetzt – in Ihrer Macht steht, dieses Mitgefühl zu verwirklichen. Natürlich, unsere Selbstbezogenheit, unser für uns charakteristisches Festhalten an einem unabhängigen, eigenständig existierenden „Ich“ sperrt sich grundsätzlich dagegen, Mitgefühl entstehen zu lassen. In der Tat lässt sich echtes Mitgefühl nur dann erfahren, wenn diese Form der Selbstfixierung beseitigt wird. Aber das heißt nicht, dass wir nicht jetzt damit beginnen und Fortschritte machen können.

Der erste Schritt in Richtung Mitgefühl

Wir sollten beginnen, indem wir die größten Hemmnisse, die unserem Mitgefühl im Weg stehen, beseitigen: Ärger und Hass. Wie wir alle wissen, handelt es sich um äußerst starke Gefühle; sie sind in der Lage, unseren gesamten Geist zu beherrschen. Trotzdem lassen sie sich kontrollieren. Tun wir dies jedoch nicht, quälen uns diese negativen Emotionen – ihre bloße Anwesenheit reicht dazu aus. Darüber hinaus hindern sie uns daran, wahres Glück zu finden, indem wir einen liebevollen Geist entwickeln.

Aus diesem Grund ist es als Erstes hilfreich, zu untersuchen, ob Ärger oder Wut für sich genommen nützlich sind oder nicht. Manchmal, wenn wir uns durch eine schwierige Situation entmutigt fühlen, scheint Ärger hilfreich zu sein, da er uns offenbar mehr Energie, Sicherheit und Entschlossenheit gibt. An dieser Stelle müssen wir jedoch den Zustand unseres Geistes sehr genau prüfen. Obgleich es stimmt, dass Ärger Energie mit sich bringt, entdecken wir, dass diese Emotion blind ist; wir können nicht sicher sein, ob das Ergebnis positiv oder negativ sein wird. Der Grund dafür ist, dass Ärger und Wut den wertvollsten Bereich unseres Gehirns in gewisser Weise verfinstern, nämlich die Fähigkeit zu denken. Deshalb ist die aus Ärger gewonnene Energie fast immer unzuverlässig. Sie kann eine beispiellose Menge destruktiven, bedauerlichen Verhaltens verursachen. Darüber hinaus kann jemand, dessen Wut sich ins Extreme steigert, eine Art Wahnsinn entwickeln, sein Handeln schadet dann nicht nur ihm selbst, sondern auch anderen.

Es ist jedoch möglich, eine ebenso kraftvolle, aber weit besser beherrschbare Energie zu entwickeln, mit der sich schwierige Situationen bewältigen lassen. Diese kontrollierte Energie beruht nicht nur auf einer mitfühlenden Einstellung, sondern auch auf Vernunft und Geduld, den beiden wirkungsvollsten Mitteln gegen Ärger und Wut. Leider sehen viele Menschen diese Qualitäten irrtümlicherweise als Zeichen von Schwäche an. Ich dagegen glaube, dass das Gegenteil der Fall ist: Sie sind Zeichen echter innerer Stärke. Mitgefühl ist seinem Wesen nach sanft, friedlich und weich, gleichzeitig aber auch sehr machtvoll. Jene, die leicht die Geduld verlieren, sind dagegen unsicher und schwankend. Sich zu ärgern ist in meinen Augen deshalb ein unmittelbares Zeichen von Schwäche.

Versuchen Sie darum, gelassen zu bleiben, sobald ein Problem auftritt, bewahren Sie Ihre Offenheit und bemühen sie sich um eine gerechte Lösung. Natürlich werden einige vielleicht versuchen, aus Ihrer Haltung Vorteile zu ziehen, und wenn Ihre Ausdauer ungerechtfertigterweise Aggression hervorruft, sollten Sie einen festen Standpunkt einnehmen. Dies sollte jedoch mit Mitgefühl geschehen. Falls notwendig, legen Sie Ihre Auffassung dar und wirken Sie der Aggression bestimmt, aber ohne Zorn oder böse Absichten entgegen.

Sie sollten erkennen, dass, obwohl Ihre Gegner Ihnen Schaden zufügen wollen, deren destruktives Verhalten letzten Endes allein ihnen selbst schadet. Um Ihre eigenen selbstsüchtigen Impulse, sich rächen zu wollen, unter Kontrolle zu halten, sollten Sie sich an Ihren Wunsch, Mitgefühl zu praktizieren, erinnern und sich dafür verantwortlich fühlen, der anderen Seite dabei zu helfen, nicht das Opfer der eigenen Handlungsweisen zu werden. So wird Ihr Handeln, wenn es ruhig und überlegt erfolgt, effektiver, angemessener und wirksamer. Rache und Vergeltung treffen selten ihr Ziel, weil sie auf der blinden Energie beruhen, die aus Ärger und Wut resultiert.

Freunde und Feinde

Ich möchte nochmals betonen, dass die bloße Überzeugung von der positiven Kraft von Mitgefühl, Vernunft und Geduld nicht ausreicht, um diese Qualitäten auch hervorzubringen. Wir müssen warten, bis Schwierigkeiten auftauchen, und uns dann bemühen, diese Qualitäten in die Tat umzusetzen. Und wer schafft uns solche Gelegenheiten? Natürlich nicht unsere Freunde, sondern unsere Feinde. Sie sind diejenigen, die uns die meisten Probleme bereiten. Wenn wir also wirklich den Wunsch haben, uns weiterzuentwickeln, dann sollten wir unsere Feinde als unsere besten Lehrmeister betrachten. Für einen Menschen, der Mitgefühl und Liebe wertschätzt, ist es wesentlich, Toleranz zu üben, und zu diesem Zweck ist ein Feind einfach unentbehrlich. Darum sollten wir unseren Feinden dankbar sein, weil sie uns effektiv dabei helfen – sowohl im privaten als auch im öffentlichen Bereich –, einen ruhigen und gelassenen Geist zu entwickeln. Auch geschieht es dann, dass durch veränderte Umstände aus Feinden Freunde werden.

Ärger und Hass sind immer schädlich, und sofern wir nicht unseren Geist schulen und daran arbeiten, deren negative Wirkungen zu verringern, werden sie fortfahren, uns zu stören, und uns daran hindern, einen gelassenen Geist zu entwickeln. Ärger und Hass sind unsere wahren Feinde. Sie sind genau die Kräfte, denen wir uns stellen und die wir besiegen müssen, und nicht unsere vorübergehenden „Feinde", die während unseres ganzen Lebens immer wieder auftauchen.

Selbstverständlich ist es natürlich und richtig, dass wir uns alle Freunde wünschen. Ich spaße oft, dass wir äußerst selbstlos sein müssen, wenn wir wirklich selbstsüchtig sein wollen! Sie sollten sich gut um andere kümmern, besorgt um ihr Wohlergehen sein, ihnen helfen, dienen, mehr Freundschaften schließen, mehr lächeln. Das Ergebnis? Wenn Sie selbst Hilfe benötigen, werden Sie eine

Vielzahl von Menschen finden, die Ihnen helfen werden. Vernachlässigen Sie dagegen das Glück der anderen, werden Sie auf lange Sicht der Verlierer sein. Entsteht Freundschaft durch Streit und Ärger, Eifersucht und ausgeprägtes Konkurrenzdenken? Ich glaube kaum. Allein Zuneigung schenkt uns wirkliche Freunde.

In der heutigen materialistischen Gesellschaft hat es den Anschein, dass man dann viele Freunde hat, wenn man über Geld und Macht verfügt. Sobald man Reichtum und Einfluss verliert, wird man dagegen Probleme haben, Freunde zu finden. Das Problem ist: Wenn die Dinge für uns gut laufen, meinen wir, allein zurechtzukommen und keine Freunde zu brauchen, aber sobald unsere gesellschaftliche Position und Gesundheit schwächer werden, wird uns sehr schnell klar, wie sehr wir uns getäuscht haben. Das ist der Augenblick, in dem wir erkennen, wer uns wirklich hilft. Deswegen müssen wir Selbstlosigkeit entwickeln, um uns auf diesen Moment vorzubereiten, denn dann werden wir echte Freunde haben, die uns beistehen, wenn wir sie brauchen!

Manchmal beginnen die Leute zu lachen, wenn ich sage, dass ich mehr Freunde haben möchte. Ich liebe das Lächeln anderer Menschen. Deswegen ist es mir wichtig, herauszufinden, wie man mehr Freundschaften schließen kann und wie man die Menschen zum Lächeln bringt, wirklichem Lächeln. Denn es gibt viele Arten zu lächeln, wie zum Beispiel sarkastisches, aufgesetztes oder diplomatisches Lächeln. Einige Arten des Lächelns stellen uns nicht zufrieden, manchmal machen sie uns sogar misstrauisch oder ängstlich, nicht wahr? Ein echtes Lächeln schenkt uns dagegen ein echtes Gefühl der Frische, und dies ist meiner Ansicht nach einzigartig für uns Menschen. Wenn wir uns diese Art des Lächelns wünschen, dann müssen wir von selbst die Bedingungen schaffen, die es ermöglichen.

Mitgefühl und die Welt

Zusammenfassend möchte ich meine Überlegungen kurz über das bisher Gesagte hinaus ausweiten und eine umfassendere Perspektive einnehmen: Das Glück Einzelner kann in grundlegender und effektiver Weise zu einer allgemeinen Verbesserung der gesamten menschlichen Gemeinschaft beitragen.

Da uns allen das Bedürfnis nach Liebe gemeinsam ist, können wir jeden, dem wir – gleichgültig unter welchen Umständen – begegnen, als unseren Bruder oder unsere Schwester ansehen. Es spielt keine Rolle, wie fremd uns das Gesicht eines Menschen ist oder wie verschieden seine Kleidung oder sein Verhalten ist; letztlich gibt es keinen Unterschied zwischen uns und anderen. Es ist töricht, äußeren Unterschieden zu großen Wert beizumessen, denn hinsichtlich unserer wahren Natur gibt es keinen Unterschied.

Letztendlich ist die Menschheit eins, und dieser kleine Planet ist unser gemeinsames Zuhause. Wenn wir dieses gemeinsame Zuhause schützen wollen, hat jeder von uns die Aufgabe, das belebende Gefühl allumfassender Uneigennützigkeit zu entwickeln. Allein indem wir dieses Gefühl empfinden, kann der rein ichbezogene Wunsch, andere Menschen zu betrügen und für die eigenen Zwecke auszunutzen, aufgelöst werden. Wenn Sie ein aufrichtiges und offenes Herz haben, besitzen Sie ein natürliches Gefühl für Ihren eigenen Wert und sind zufrieden – und es gibt keinen Grund, andere Menschen zu fürchten.

Ich bin überzeugt, dass Mitgefühl auf jeder Ebene der Gesellschaft – sei es in der Familie, in einem Stamm, in einer Nation und international – der Schlüssel zu einer glücklicheren und besseren Welt ist. Wir brauchen keiner bestimmten Religion anzugehören oder an eine Ideologie zu glauben. Es ist allein notwendig, dass jeder Einzelne die ihm eigenen positiven menschlichen Qualitäten entwickelt.

Ich versuche jeden, dem ich begegne, wie einen alten Freund zu behandeln. Dies schenkt mir ein echtes Gefühl von Glück. Das ist die Praxis des Mitgefühls.

Zweites Kapitel

Was ist Buddhismus?

Buddhismus zu praktizieren bedeutet, den Kampf zwischen negativen und positiven geistigen Kräften aufzunehmen. Jemand, der meditiert, versucht folglich, die negativen Kräfte zu schwächen und die positiven zu entwickeln und zu stärken.

Es gibt keine physiologischen Kriterien, mit deren Hilfe sich der Fortschritt im Kampf zwischen den positiven und negativen Kräften messen ließe. Eine Änderung beginnt, wenn Sie zum ersten Mal ihre falschen Vorstellungen und Illusionen, aus denen Gefühle wie beispielsweise Ärger und Neid resultieren, identifizieren und anerkennen. Der nächste Schritt besteht dann darin, die Gegenmittel für diese Täuschungen kennenzulernen, und dieses Wissen kann man erlangen, indem man auf die Lehren hört. Es gibt keinen einfachen Weg, um falsche Vorstellungen und Selbsttäuschungen aufzulösen. Man kann sie nicht operativ entfernen. Sie müssen erkannt und als Realität akzeptiert werden; dann ist es möglich, sie durch die Anwendung der Lehren nach und nach zu vermindern und schließlich ganz aufzulösen.

Diese Lehren schlagen Methoden vor, mit deren Hilfe man sich aus eigener Kraft von falschen Vorstellungen befreien kann. Sie stellen einen Weg dar, der schließlich von jeglichem Leiden befreit und zum Glück der Erleuchtung führt. Je besser man das Dharma, das heißt die buddhistischen Lehren, versteht, desto eher vermag man sich aus der Umklammerung durch Stolz, Hass, Gier und andere negative Emotionen zu lösen, die so viel Leiden verursacht. Wendet man dieses Wissen im Alltag über Monate und Jahre hinweg an, wird sich der Geist allmählich verwandeln, denn er hat die Fähigkeit, sich zu verändern – auch wenn es manchmal nicht den Anschein hat. Wenn Sie den jetzigen Zustand Ihres Geistes mit dem Zustand nach der Lektüre dieses Buches vergleichen, könnten Sie eine gewisse Verbesserung feststellen. Ist dies der Fall, haben diese Unterweisungen ihren Zweck erfüllt.

Der Sanskritausdruck *dharma* bedeutet „das, was trägt". Bei allem, was existiert, handelt es sich um *dharmas,* Phänomene, die über eine bestimmte Eigenheit oder ein Kennzeichen verfügen. Auch bei einer Religion lässt sich in einem bestimmten Sinn von einem Dharma sprechen, wenn sie Menschen vor Unheil bewahrt oder schützt. Im Folgenden soll sich der Ausdruck Dharma auf Letzteres beziehen. Grob gesagt ist jede Handlung – durch Körper, Rede oder Geist – höherwertig beziehungsweise gut und ein Dharma, wenn man durch sie beschützt oder vor verschiedenen Arten von Unheil bewahrt wird. Das Ausüben solch einer Handlung ist die Praxis des Dharma.

Buddha Shakyamuni wurde vor mehr als 2500 Jahren in Indien geboren. Seiner Abstammung nach war er ein Prinz. Bereits als Kind war er sehr reif in Bezug auf sein Wissen und sein Mitgefühl. Er erkannte, dass wir alle von Natur aus nach Glück streben und frei von Leiden sein wollen.

Leiden kommt nicht immer von außerhalb. Es entsteht nicht allein durch Hunger und Dürre. Wenn dem so wäre, könnten wir uns vor dem Leiden schützen, indem wir zum Beispiel Vorräte anlegen. Dagegen hängt das Leiden, das Krankheit, Alter und Tod mit sich bringen, mit der eigentlichen Natur unserer Existenz zusammen, und es lässt sich nicht aus der Welt schaffen, indem wir die äußeren Bedingungen ändern. Viel gravierender ist, dass wir in uns diesen ungezähmten Geist haben, der für alle Arten von Problemen anfällig ist. Er wird von negativen Gedanken wie Zweifel und Wut gequält. Solange diese Schar negativer Gedanken unseren Geist heimsucht, wird eine Veränderung der äußeren Bedingungen unsere Probleme nicht lösen, selbst wenn wir weiche, angenehme Kleidung und köstliches Essen haben.

Motiviert durch sein Mitgefühl für alle fühlenden Wesen erkannte Buddha Shakyamuni das ganze Ausmaß der Schwierigkeiten und dachte über die Natur seiner eigenen Existenz nach. Er fand heraus, dass alle menschlichen Wesen die Erfahrung von Leiden machen, und verstand, dass die Ursache dafür in unserem unbeherrschten, ungeordneten Geisteszustand liegt. Denn unser Geist ist dermaßen ungezügelt, dass wir sogar oft nachts keinen Schlaf finden. Als er sich diesen Problemen gegenübersah, war er klug genug, sich zu fragen, ob es eine Methode gäbe, um sie zu überwinden.

Er fand, als Prinz in einem Palast zu leben, sei kein geeigneter Weg, um Leiden zu überwinden. Seiner Meinung nach bildete es sogar ein Hindernis. Deshalb gab er alle Annehmlichkeiten des Palastlebens auf, auch das Leben mit seiner Frau und seinem Sohn, und wählte das Leben eines Heimatlosen. Im Laufe seiner Suche traf er viele Meister und hörte sich deren Unterweisungen an. Er fand, dass diese Lehren zwar von gewissem Nutzen seien, aber letztendlich keine Lösung für das Problem boten, das Leiden zu beseitigen. Sechs Jahre lang lebte er in strengster Askese. Indem er alles aufgab, was ihm als Prinz Freude gemacht hatte, und sich strengen asketischen Übungen unterzog, war er in der Lage, seine meditativen Fähigkeiten zu stärken. Unter dem Bodhibaum sitzend (einem Feigenbaum) überwand er die ihn behindernden Kräfte und erlangte Erleuchtung. Danach begann er zu lehren, drehte das Rad der Lehre, die auf seiner eigenen Erfahrung und Verwirklichung gründete.

Wenn wir über den Buddha sprechen, sprechen wir nicht über jemanden, der von Anfang an ein Buddha war. Er fing genauso an wie wir. Er war ein gewöhnliches fühlendes menschliches Wesen, das aus denselben Gründen litt wie wir auch: Geburt, Alter, Krankheit und Tod. Er hatte viele Gedanken und Gefühle, angenehme und schmerzhafte, genau wie wir. Aber als Folge seiner starken und kontinuierlichen spirituellen Übung konnte er verschiedene Stufen auf dem spirituellen Weg bis hin zur Erleuchtung erreichen.

Manchmal beschleicht mich ein Gefühl des Unbehagens, wenn ich über das Leben Buddha Shakyamunis nachdenke. Obwohl dessen Lehren auf unterschiedlichen Ebenen interpretiert werden können, beweisen die historischen Berichte, dass er sechs Jahre lang hart übte. Dies macht deutlich, dass sich der Geist nicht durch bloßes Schlafen, durch Entspannung und Genießen der Annehmlichkeiten des Lebens verändern lässt. Es zeigt uns, dass wir allein durch harte Arbeit und ertragene Mühsal über einen langen Zeitraum hinweg fähig werden, Erleuchtung zu erreichen. Es ist nahezu unmöglich, innerhalb kurzer Zeit und ohne Anstrengung alle spirituellen Entwicklungsstufen und Kenntnisse zu erreichen. Sogar der Buddha, der Befürworter jener Lehre, der wir folgen, musste sich solchen Mühen unterziehen. Wie können wir dann erwarten, spirituelles Wachstum und Erleuchtung zu erlangen, indem wir bestimmte sogenannte Praktiken üben und eine entspannte Zeit haben? Wenn wir die Geschichten der großen spirituellen Lehrer der Vergangenheit lesen, erfahren wir, dass sie ihr spirituelles Wissen durch viel Meditation, Einsamkeit und Übung erreicht haben. Sie haben keine Abkürzungen genommen.

Die Wurzel des Leidens ist Nicht-Wissen, das heißt in diesem Zusammenhang, eine falsche Vorstellung vom Selbst zu haben. Die unzähligen Leiden, die wir durchstehen müssen, werden durch diese falsche Vorstellung, dieses falsche Verstehen verursacht. Deshalb bedeutet die Aussage, der Buddha habe aus Mitgefühl alle falschen Ansichten fallen gelassen, dass er aus Mitgefühl für das Wohl aller fühlenden Wesen arbeitete. Um den fühlenden Wesen von Nutzen zu sein, bot er Lehren auf unterschiedlichem Niveau an, die ohne falsche Vorstellungen und negative Gedanken auskommen. Diejenigen, die diesen Lehren folgen, werden daher fähig sein, das Leiden zu überwinden, wenn sie rechtes Verstehen entwickeln und anwenden. Wir verehren Buddha Shakyamuni, weil er uns derart vollkommene Lehren geschenkt hat.

Das wichtigste Motiv, das Buddha veranlasste, seine besonderen physischen, geistigen und kommunikativen Qualitäten auszubilden, war Mitgefühl. Ebenso sollte es das Ziel unserer eigenen Praxis sein, anderen helfen zu wollen. Ein solch selbstloser Wunsch existiert auf natürliche Weise in unser aller Herzen. Er ist wie ein Same, den wir durch unsere Praxis beschützen und zum Wachsen bringen können. Alle Lehren des Buddha zielen wesentlich darauf ab, dieses freundliche Herz und einen selbstlos liebenden Geist zur Entfaltung zu bringen.

Der Weg des Buddha gründet auf Mitgefühl, dem Wunsch, dass andere frei von Leiden sein mögen. Dies lässt uns erkennen, dass das Wohlergehen anderer letztlich wichtiger ist als das unsere, denn ohne die anderen wäre keine spirituelle Praxis vorhanden; es gäbe für uns keine Möglichkeit, erleuchtet zu werden. Ich beanspruche nicht, über großes Wissen zu verfügen oder eine hohe Verwirklichung erreicht zu haben, aber indem ich mich an die Freundlichkeit und Großzügigkeit meiner eigenen Meister erinnere, die mir diese Belehrungen zuteilwerden ließen, sowie in Sorge um das Wohlergehen aller Wesen, habe ich ebenfalls den Wunsch, Sie an meinen Erfahrungen teilhaben zu lassen.

Das Dharma in Tibet

Dieses kostbare Leben als Mensch, als ein freies und glückliches menschliches Wesen, steht uns nur ein einziges Mal zur Verfügung. Auch wenn wir zahllose Leben in der Vergangenheit besaßen, hatten wir niemals zuvor die Gelegenheit, solch ein kostbares menschliches Leben angemessen einzusetzen. Heute sind wir in der glücklichen Lage, ein Leben zu führen, in dem unsere geistigen und körperlichen Fähigkeiten unversehrt sind, und Interesse daran zu haben, das Dharma zu üben. Ein solches Leben ist einzigartig. In gleicher Weise ist das Dharma, das uns zugänglich ist, einzigartig. Es geht auf den Buddha in Indien zurück und wurde durch nachfolgende große indische Meister weitergegeben. Nach einiger Zeit gelangte es auch in Tibet zur Blüte. Bis heute ist diese Tradition der buddhistischen Lehre weiterhin sehr lebendig. In Tibet, dem „Dach der Welt", wurde das gesamte Spektrum der von Buddha gelehrten Übungen bewahrt. Darum ist es heute so überaus wichtig, dass wir uns gemeinsam anstrengen und sie anwenden, um unsere edelsten Ziele und die aller übrigen fühlenden Wesen zu verwirklichen.

Der Buddhismus kam erst im 8. Jahrhundert nach Tibet, aber bereits im 9. Jahrhundert wurde das Praktizieren der buddhistischen Lehre durch König Langdarma verboten. Er schloss die Klöster, die Zentren der Lehre, wie es auch die Chinesen in der jüngsten Vergangenheit getan haben. Langdarmas Unterdrückung des Buddhismus war weitreichend, dennoch war es in den entfernteren Gebieten weiterhin möglich zu praktizieren, und so wurde die Tradition bewahrt.

Im 11. Jahrhundert gab es einige Verwirrung, da zwei unterschiedliche Möglichkeiten bestanden, die Lehre zu praktizieren. Es gab den Weg des *sutra*, den Weg des Studiums und der Praxis, demzufolge es viele Leben benötigt, um Erleuchtung zu erreichen, und den Weg des *tantra,* geheim gehaltene Übungen, durch die sich Erleuchtung schon in der Spanne eines einzigen Leben erreichen lässt. Im 11. Jahrhundert lebte ein indischer Mönch namens Atisha, der für seine Fähigkeit berühmt war, die buddhistischen Lehren zu erläutern und in Streitgesprächen mit nichtbuddhistischen Philosophen zu verteidigen. Er schaffte es nicht nur, all die unterschiedlichen philosophischen Richtungen, die über die Jahrhunderte im Buddhismus entstanden waren, zu vereinigen, sondern auch, die Praxisformen der Laien (der Nicht-Ordinierten) und der monastischen Richtungen miteinander zu verbinden. Er wurde von allen philosophischen Schulen als unvoreingenommener und zuverlässiger Meister respektiert.

Innerhalb des tibetischen Buddhismus gibt es vier Schulen: Nyingma, Sakya, Geluk und Kagyu. Es wäre ein großer Fehler, zu behaupten, eine dieser Schulen sei den anderen überlegen. Sie alle folgen dem gleichen Lehrer, nämlich Buddha Shakyamuni; sie alle haben das System von *sutra* und *tantra* miteinander verbunden. Ich versuche, Vertrauen und Wertschätzung für diese vier Schulen zu fördern, und tue dies nicht einfach als diplomatische Geste, sondern aus tiefer Überzeugung. Auch ist es meiner Position als Dalai Lama angemessen, ausreichendes Wissen über die Lehren aller vier Schulen zu besitzen, um allen, die zu mir kommen, Rat geben zu können. Andererseits fühle ich mich manchmal wie eine Mutter ohne Arme, die zusieht, wie ein Kind ertrinkt.

Eines Tages kam ein Meditierender aus der Nyingma-Schule zu mir und fragte mich um Rat bezüglich einer bestimmten Übung, die ich nicht gut kannte. Ich konnte ihn zwar zu einem großen Meister schicken, der in der Lage war, seine Frage zu beantworten, aber ich fühlte mich deprimiert, weil er aufrichtig eine Unterweisung von mir gewünscht hatte und ich nicht in der Lage gewesen war, seinen Wunsch zu erfüllen. Es ist eine Sache, wenn die Erfüllung eines Wunsches jenseits der eigenen Möglichkeiten liegt, aber solange es in der eigenen Macht steht, ist es äußerst wichtig, die spirituellen Bedürfnisse möglichst vieler fühlender Wesen zu erfüllen. Wir müssen alle Aspekte der Lehren studieren und ihnen Achtung entgegenbringen. Auch sollten wir den tibetischen Buddhismus nicht als den übrigen buddhistischen Richtungen überlegen betrachten. In Thailand, Burma und Sri Lanka fühlen sich die Mönche den klösterlichen Übungsformen innerlich tief verpflichtet und halten, anders als tibetische Mönche, den Brauch des Bettelns um eine Mahlzeit aufrecht, der von Buddha und seinen Schülern vor 2500 Jahren praktiziert wurde. In Thailand begleitete ich eine Gruppe von Mönchen auf ihrem Almosengang. Es war ein heißer, sonniger Tag, und weil die Tradition vorsieht, ohne Schuhe zu gehen, verbrannte ich mir erheblich die Füße. Es war inspirierend, die Praxis der thailändischen Mönche zu erleben.

In der heutigen Zeit betrachten viele Menschen spirituelle Traditionen oder Religionen als etwas Negatives. Sie sehen lediglich, wie religiöse Institutionen die Massen ausbeuten und sich ihres Besitzes bemächtigen. Diese Fehler liegen jedoch nicht in der jeweiligen Tradition begründet, sondern in den Menschen, die behaupten, sie seien Anhänger dieser oder jener Richtung, wie beispielsweise die Mitglieder von Klöstern oder Kirchen, die Spiritualität als Ausrede benutzen, um sich selbst auf Kosten ihrer Anhänger zu bereichern. Wenn sich Übende einer spirituellen Richtung rücksichtslos verhalten, wirft das ein schlechtes Licht auf jeden, der ebenfalls dieser Richtung folgt. Versuche, institutionalisiertes Fehlverhalten zu korrigieren, werden häufig als Angriffe auf die Tradition selbst missverstanden. Viele Menschen ziehen daraus den Schluss, dass Religionen schädlich seien und ihnen nicht helfen können. Sie weisen jede Form von Glauben zurück. Andere zeigen an spirituellen Übungen keinerlei

Interesse, sie sind mit ihrer eigenen Art zu leben zufrieden. Ihnen geht es körperlich und materiell gut, und sie sind gleichgültig gegenüber Religionen. Doch teilen alle den gleichen, oft unbewussten Wunsch, glücklich zu sein und Leiden zu vermeiden.

In der buddhistischen Praxis visualisieren wir bewusst die unterschiedlichen Formen des Leidens, anstatt ihnen aus dem Weg zu gehen – das Leiden, geboren zu werden, das Leiden zu altern, das Leiden, seinen Arbeitsplatz oder seine gesellschaftliche Stellung zu verlieren, das Leiden, das durch die Ungewissheit des Lebens verursacht wird, und das Leiden, das der Tod mit sich bringt. Wir versuchen, sie uns bewusst vorzustellen, damit wir vorbereitet sind, wenn uns das jeweilige Leiden tatsächlich geschieht. Wenn der Tod zu uns kommt, sind wir uns im Klaren darüber, dass unsere Zeit gekommen ist. Das heißt nicht, dass wir unseren Körper nicht schützen würden. Wenn wir krank sind, nehmen wir Medikamente und versuchen, den Tod abzuwenden. Wenn der Tod jedoch unvermeidbar ist, wird ein Buddhist vorbereitet sein.

Lassen wir für den Augenblick die Frage nach der Möglichkeit eines Lebens nach dem Tod, nach Befreiung oder allumfassender Weisheit beiseite. Selbst in diesem Leben hat es praktischen Nutzen, über das Dharma nachzudenken und daran zu glauben. Obwohl die Chinesen in Tibet systematisch zerstört und gefoltert haben, konnten die Menschen dort ihre Hoffnung und Entschlossenheit bewahren. Ich glaube, dass dies an der buddhistischen Tradition liegt.

Obwohl die Zerstörung des Buddhismus unter chinesischer Herrschaft bisher noch nicht so lange andauert wie unter Langdarma im 9. Jahrhundert, ist das Ausmaß der Zerstörung weitaus größer. Nachdem Langdarma das Dharma vernichtet hatte, war es Atisha, der nach Tibet kam und die Praxis des Buddhismus vollständig erneuerte. Heute liegt die Verantwortung bei uns allen – ob wir dazu fähig sind oder nicht –, um das, was die Chinesen systematisch zerstört haben, zu erneuern. Der Buddhismus ist ein Schatz, der für die gesamte Welt von Bedeutung ist. Zu lehren und diesen Lehren zuzuhören bedeutet, einen Beitrag zum Reichtum der Welt zu leisten. Es mag viele Punkte geben, die Sie möglicherweise nicht unmittelbar umsetzen können. Bewahren Sie sie trotzdem in Ihrem Herzen, damit Sie sie im nächsten Jahr, in fünf oder in zehn Jahren praktizieren können – Hauptsache, Sie vergessen die Lehren nicht.

Obwohl wir im Exil lebenden Tibeter von der Tragödie betroffen sind, unser Land verloren zu haben, werden uns bei der Ausübung des Dharma im Allgemeinen kaum Steine in den Weg gelegt. In welchem Land wir auch wohnen, haben wir durch ebenfalls im Exil lebende Meister Zugang zu den Lehren Buddhas und wissen, wie wir die für die Meditation förderlichen Bedingungen schaffen können. Tibeter tun dies schon mindestens seit dem 8. Jahrhundert. Alle, die nach der chinesischen Invasion im Jahr 1959 in Tibet blieben, hatten große körperliche und psychische Leiden zu erdulden. Klöster wurden geräumt, große Lehrer verhaftet und die Ausübung des

Buddhismus unter Androhung von Gefängnis oder Hinrichtung unter Strafe gestellt.

Wir müssen jede Gelegenheit nutzen, um die Wahrheit zu praktizieren, um uns selbst zu verbessern, anstatt auf die richtige Zeit zu warten, von der wir glauben, dann weniger beschäftigt zu sein. Alles, was auf der Welt geschieht, ist wie eine kleine ringförmige Welle auf der Oberfläche eines Teiches: Sobald sich ein Ring auflöst, erscheint der nächste; immerzu, ohne Ende. Bis zum Zeitpunkt unseres Todes hören wir niemals auf, in der Welt zu handeln. Wir sollten versuchen, inmitten unseres täglichen Lebens Zeit zu finden, das Dharma zu üben. Wenn wir zu diesem Zeitpunkt unfähig sind, das Dharma in die Praxis umzusetzen, obwohl wir im Besitz dieses kostbaren Lebens sind, dem Dharma begegnet sind und etwas Vertrauen geschöpft haben, dann wird es uns schwerfallen, die Lehren in zukünftigen Leben zu verwirklichen, in denen diese Bedingungen nicht erfüllt sind. Jetzt, da wir in einem solch tiefgründigen und umfassenden System existieren, in dem die Methoden, um Erleuchtung zu erlangen, greifbar sind, wäre es äußerst bedauerlich, wenn wir nicht versuchen würden, das Dharma etwas Einfluss auf unser Leben haben zu lassen.

Drittes Kapitel

Grundlegende buddhistische Lehren

Vor 2500 Jahren erhob sich der Buddha, nachdem er Erleuchtung erlangt hatte, aus seiner Meditation. Das Thema seiner ersten Lehre waren die Vier Edlen Wahrheiten.

Die Erste Edle Wahrheit ist die Wahrheit vom Leiden, der Tatsache, dass unser Glück unbeständig ist. Alles was wir besitzen, ist Veränderungen unterworfen und vergänglich. Nichts von dem, das wir gewöhnlich als beständig ansehen, ist von Dauer. Ignoranz, Anhaftung und Zorn sind die Ursachen für unser unablässiges Leiden. Deshalb geht es in der Zweiten Edlen Wahrheit darum, die Ursachen des Leidens zu verstehen. Sobald die Wurzel des Leidens (falsche Vorstellungen, Illusionen) vernichtet ist, erreichen wir den Zustand der Aufhebung des Leidens (*nirvana*) – die Dritte Edle Wahrheit. Die Vierte Edle Wahrheit besagt, dass es einen Weg gibt, das Leiden zu beenden. Damit Sie diesen Zustand in Ihrem Geist verwirklichen können, müssen Sie einem Weg folgen.

Um diese vier Wahrheiten besser zu verstehen, ist es notwendig, zu erkennen, dass sie in zwei anderen Wahrheiten wurzeln, nämlich der relativen und der absoluten Wahrheit. Auf der Ebene relativer Wahrheit scheint jeder Gegenstand, dieses und jenes, Ich und die anderen, eine eigenständige, von allem anderen unabhängige Existenz zu besitzen. Vom Gesichtspunkt der absoluten Wahrheit aus betrachtet zeigt sich hingegen, dass jeder Gegenstand und jedes Wesen nur in Abhängigkeit von allem anderen existieren kann.

Mit dieser Erkenntnis lässt sich die letztendliche Dimension der Wirklichkeit verstehen – dass es eben kein völlig unabhängiges beziehungsweise aus sich selbst heraus existierendes Selbst gibt. Diese wahre Natur der Phänomene wird Leerheit genannt, und die beiden oben genannten unterschiedlichen Ebenen sind auch als bedingte und letztendliche Dimensionen der Erscheinungen bekannt. Versteht man die beiden Wahrheiten der wirklichen Natur der Phänomene, erkennt man, dass sie in Abhängigkeit von Bedingungen entstehen und ihnen eine eigenständige, unabhängige Existenzweise vollständig fehlt. Im Zusammentreffen bestimmter Bedingungen treten Phänomene in Erscheinung; wenn die zusammenwirkenden Faktoren fehlen oder aufhören zu existieren, dann lösen sich die Phänomene auf. Auf diese Weise wird der Prozess des Entstehens und Vergehens in Gang gesetzt.

Bei der nun folgenden Erläuterung der Vier Edlen Wahrheiten werde ich mich weniger auf Einzelwesen konzentrieren, sondern eine umfassendere Perspektive einnehmen, indem ich den Kontext der gesamten Menschheit beziehungsweise der menschlichen Gemeinschaft mit einbeziehe. Zunächst also die erste Wahrheit, die Wahrheit von der Existenz des Leidens. Es gibt viele Arten zu leiden, aber das gegenwärtig am meisten beängstigende und ernst zu nehmende Leiden wird durch Kriege verursacht. Die Welt befindet sich in einer Situation, in der nicht nur jeder Einzelne in Gefahr ist, sondern alle Leben auf diesem Planeten.

Untersucht man im nächsten Schritt die Ursache dieser Leiden, erkennt man, dass sie in erster Linie auf geistigen Faktoren beruhen: genauer gesagt, auf mentalen Verzerrungen wie Anhaftung und Zorn sowie auf den aus Ärger resultierenden Übeln Eifersucht oder Neid. Wut, Hass und ähnliche Empfindungen sind die eigentlichen Ursachen des Leidens. Sicherlich, in der Welt da draußen existieren Waffen, aber diese Waffen sind für sich genommen nicht die eigentliche Ursache des Problems, denn sie müssen von Menschen bedient werden; sie können nicht von alleine funktionieren. Und damit sie von Menschen angewandt werden, muss es wiederum Motive dafür geben. Bei diesen Motiven handelt es sich hauptsächlich um Hass und Anhaftung, in besonderem Maße aber um Hass.

Hass ist ein schrecklicher Geisteszustand. Wenn wir zufrieden, glücklich oder gelassen sind, besitzen wir inneren Frieden. Haben wir jedoch keinen inneren Frieden oder einen friedvollen Geist, wie ist dann äußerer Friede möglich? Krieg zu führen heißt nicht nur, Atombomben auf Menschen fallen zu lassen. Wer Frieden schaffen möchte, muss den Geist verändern. Um Fehler und Unvollkommenheiten des Geistes aufzulösen, sind Waffen jedoch von keinerlei Wert und Nutzen. Der einzige Weg besteht darin, den eigenen Geist zu lenken.

Als Nächstes kommen wir zur Wahrheit von der Aufhebung des Leidens. Es ist offensichtlich, dass es eine Aufgabe für die Zukunft ist, mentale Verzerrungen wie Ärger, Wut, Eifersucht oder Neid aufzulösen – und zwar endgültig. Gegenwärtig können wir versuchen, einen Blick in die Zukunft zu werfen. Wenn wir klar sehen, was uns in der Zukunft wahrscheinlich erwartet, hätte dies sicherlich eine Verringerung negativer Gefühle wie Zorn zur Folge. Um Wut wirksam zu vermindern, ist es erforderlich, dass wir die Bedingungen meiden, die zu seiner Entstehung beitragen, nämlich Stolz und Neid. Wir müssen versuchen, sie aufzugeben, und uns gleichzeitig mit Geisteszuständen vertraut machen, die mit Neid und Stolz unvereinbar sind. Es lässt sich beweisen, dass sich solche mentalen Unausgeglichenheiten verringern lassen.

Die Wahrheit vom Weg zur Aufhebung des Leidens hat seine eigentliche Wurzel im Mitgefühl. Mitgefühl beinhaltet, einen von Freundlichkeit und liebender Güte geprägten Geist zu entwickeln, genauer gesagt, den Wunsch auszubilden, anderen dienen und helfen zu wollen. Hierin liegt das eigentliche Wesen des Weges zur Aufhebung des Leidens. Damit Mitgefühl sich entfalten kann, ist es notwendig, die Auswirkungen der bei uns Menschen üblichen Unterscheidungen zwischen Rasse, Kultur, Äußerem und verschiedenen philosophischen Traditionen zu minimieren. Indem wir diese Art von Klassifizierungen loslassen, wird uns bewusst, dass Menschen Menschen sind und etwas Grundlegendes gemeinsam haben, gleichgültig ob wir aus dem Osten oder aus dem Westen kommen, gläubig sind oder nicht: Wir alle sind menschliche Wesen, genauer gesagt, Wesen der gleichen Art. Aus dieser Erkenntnis heraus kann ein echtes Gefühl der Brüderlichkeit, gegenseitigen Liebe und großen Fürsorge füreinander erwachsen und Selbstbezogenheit verringert werden. Dies ist von großer Wichtigkeit. Der Weg dorthin ist zugegebenermaßen schwierig, aber auch lohnend.

Der Erhabene sprach: „Dies sind wahre Leiden, dies sind wahre Ursachen, dies sind wahre Beendigungen, dies sind wahre Wege. Leiden muss erkannt werden, seine Ursachen müssen gemieden, seine Aufhebung verwirklicht, die Wege beschritten werden. Leiden muss erkannt werden; dann wird es kein erkennbares Leiden mehr geben. Die Ursachen des Leidens müssen gemieden werden; dann wird es keine Ursachen mehr geben, die zu meiden sind. Die Aufhebung des Leidens muss verwirklicht werden; dann wird es keine Aufhebung mehr geben, die zu verwirklichen ist. Die Wege müssen beschritten werden; dann wird es keine Wege mehr geben, die zu beschreiten sind." Dies sind die Vier Edlen Wahrheiten, ihr Geltungsbereich, die erforderlichen Handlungen und die Ursachen mit den dazugehörigen Wirkungen.

Der Achtfache Pfad

Der Achtfache Pfad bildet das Zentrum im Leben eines jeden Buddhisten. Ihm zu folgen, zerstört die im Innern liegenden Samen von falschen Vorstellungen. Der Edle Pfad zur sicheren Befreiung besteht aus Rechter Anschauung, Rechtem Denken, Rechter Rede, Rechtem Handeln, Rechtem Lebenserwerb, Rechter Anstrengung, Rechter Achtsamkeit und Rechter Meditativer Stabilisierung.

Das Wesen und die Funktion dieser einzelnen Glieder werden im Folgenden beschrieben:

- Rechte Anschauung ist, wenn wir uns im Anschluss an die Meditation durch analytisches Denken die folgende Anschauung zu eigen machen: Dies ist, was ich im Zustand des Gleichgewichts während der Meditation von den Vier Edlen Wahrheiten verstanden habe.
- Rechtes Denken heißt, auf dem Weg korrekter Schlussfolgerungen und auf der Grundlage eigener Erfahrung zu überprüfen, wie das schon Verstandene mit den Sutren übereinstimmt, sodass ihre Bedeutung verstanden und erläutert werden kann.
- Rechte Rede bedeutet, anderen das Wesen der Wirklichkeit durch Lehre, Diskussion und Schriften aufzuzeigen – ohne die Verzerrung einer auf Konventionen beruhenden Sprache – und sie zu der Überzeugung zu leiten, dass dies die vollkommene Anschauung ist. Das ist klare Rede, frei von Täuschung.
- Rechtes Handeln ist auf Klarheit beruhendes Handeln, das andere davon überzeugt, dass alle unsere Aktivitäten mit der Lehre übereinstimmen und mit aufrichtigen ethischen Vorstellungen harmonieren.
- Rechter Lebenserwerb überzeugt andere davon, dass unser Lebenserwerb angemessen ist, nicht vermischt mit Erzeugnissen eines unehrlichen Einkommens und frei von manipulierendem Verhalten, schmeichelhafter Rede usw.
- Rechte Anstrengung bedeutet, wiederholt über das Wesen der Wirklichkeit zu meditieren, die bereits er-

kannt wurde, um dadurch ein Gegenmittel für die Illusionen und Täuschungen zu finden, die es auf dem Weg der Meditation aufzulösen gilt.

- Rechte Achtsamkeit bedeutet, den Gegenstand der Meditation beständig festzuhalten, damit Ruhe und Einsicht entstehen, welche als Mittel gegen die durch mangelnde Achtsamkeit verursachten Täuschungen wirken.
- Rechte Sammlung bedeutet, Meditative Stabilisierung aufzubauen, die frei ist von ihr gefährlich werdender Nachlässigkeit oder Aufgeregtheit. Auf diese Weise dient sie als Heilmittel gegen auftretende Hindernisse und führt zu fortschreitender Verwirklichung der Qualitäten des Pfades.

Die Grundlagen der Ethik

Die Schulung in sittlichem Verhalten kann vielerlei Formen annehmen, ihr gemeinsames Fundament ist es jedoch, sich von den Zehn Nicht-Tugenden abzuwenden. Von den Zehn Nicht-Tugenden betreffen drei körperliche Handlungen, vier verbale Handlungen und drei geistige Handlungen.

Die drei körperlichen Nicht-Tugenden sind:

- Einem Lebewesen das Leben zu nehmen: Dies reicht vom Töten eines Insekts bis zum Töten eines Menschen.

– STEHLEN: sich das Eigentum eines anderen ohne dessen Einverständnis anzueignen, gleichgültig welchen Wert es hat und ob die Tat von einem selbst oder einer anderen Person verübt wurde.
– SEXUELLES FEHLVERHALTEN: Ehebruch begehen.

Die vier verbalen Nicht-Tugenden sind:
– LÜGEN: andere durch Worte oder Gesten täuschen beziehungsweise betrügen.
– ZWIETRACHT SÄHEN: Meinungsverschiedenheiten schaffen, indem man unter jenen, zwischen denen Einigkeit herrscht, Zwietracht sät, oder unter denen, die bereits uneins sind, noch größere Uneinigkeit bewirkt.
– HÄRTE: Missbrauch anderer Personen.
– UNVERNUNFT: motiviert durch Verlangen, über törichte oder närrische Dinge sprechen.

Die drei geistigen Nicht-Tugenden lauten:
– HABGIER: zu denken, „Dies sollte mir gehören", beziehungsweise sich etwas wünschen, das anderen gehört.
– SCHÄDLICHE ABSICHT: der Wunsch, andere zu verletzen, sei es eine große oder eine kleine Verletzung.
– FALSCHE ANSICHTEN: Existierendes wie Wiedergeburt, Ursache und Wirkung oder die Drei Juwelen (der Buddha, seine Lehre und die Gemeinschaft der Übenden) als nicht existent zu betrachten.

Um Ziele zu erreichen, ist es notwendig, zuträgliche Einflüsse zu fördern und Hindernisse abzubauen – dies ist allgemein bekannt. Wir planen im Voraus, sei es bei der Arbeit an Verbesserungen in Wissenschaft, Technik, Wirtschaft oder irgendeinem anderen Gebiet. Wenn wir den bisher dargestellten Schritten folgen, können wir ziemlich sicher sein, das gewünschte Ziel zu erreichen. Weil der Zweck der Dharmapraxis letztendlich darin besteht, Erleuchtung zu erlangen, müssen wir unsere Handlungen sehr genau planen und ausführen. Aus diesem Grund ist es enorm wichtig, einen geeigneten und fähigen spirituellen Lehrer zu finden.

Die Person, die Sie als spirituellen Lehrmeister wählen, sollte bestimmte Qualitäten besitzen. Er oder sie sollte eine gewisse Sanftheit ausstrahlen und den eigenen Geist gezähmt haben, denn der Sinn, einen spirituellen Lehrer anzunehmen, ist es, den eigenen Geist zu bändigen und zu erziehen. Darum sollte ein spiritueller Meister mithilfe beständiger Übung bereits Verwirklichung erreicht haben.

Da dem spirituellen Lehrer die entscheidende Rolle bei unserer Suche nach Verwirklichung zukommt, hat der Buddha seine oder ihre Qualitäten sehr detailliert beschrieben. Zusammengefasst sind die wesentlichen Eigenschaften eines spirituellen Lehrers, dass er oder sie eine authentische Praxis und ein reiches Wissen über das Dharma besitzt. Von daher ist es unerlässlich, dass wir einen möglichen spirituellen Lehrer prüfen, bevor wir eine Lehrer-Schüler-Beziehung eingehen. Eine ausgezeichnete Möglichkeit besteht darin, seinen Vorträgen zuzuhören, denn solche Eindrücke liefern uns aus erster Hand Informationen hinsichtlich seiner Fähigkeiten zu lehren. Um seine eigene Praxis zu bewerten, können wir seine persönlichen Lebensumstände prüfen. Auch können wir andere, die sie oder ihn kennen, befragen. Darüber hinaus ist es nützlich, die betreffende Person in anderen Zusammenhängen kennenzulernen. Haben Sie schließlich ein gutes Gefühl, sollten Sie sich bemühen, diese Person als Ihren spirituellen Lehrmeister anzunehmen.

Sobald Sie jemanden als Ihren spirituellen Lehrer akzeptiert haben, ist es unentbehrlich, Vertrauen und Respekt zu entwickeln und den gegebenen Anweisungen zu folgen. Allerdings ist es wichtig, zu betonen, dass Vertrauen und Respekt keine blinde Gefolgschaft bedeuten. Im Gegenteil, es handelt sich eher um eine auf Wissen und Informationsweitergabe basierende Herangehensweise. In den Schriften erklärt der Buddha, dass ein Schüler den rechtschaffenen Anweisungen folgen, die unheilsamen Belehrungen aber unbeachtet lassen soll. Die Schriften über Disziplin verfolgen einen ähnlichen Ansatz: Lehrt ein Meister etwas, das nicht mit dem Dharma übereinstimmt, sollte es nicht akzeptiert werden.

Das wichtigste Kriterium, um zu entscheiden, ob die Anweisungen eines Lehrers akzeptabel sind oder nicht, ist herauszufinden, ob sie mit den grundlegenden Prinzipien des Buddhismus übereinstimmen. Ist dies der Fall, sollten wir respektvoll gehorchen. Eine solche Lehre erzielt mit Sicherheit gute Ergebnisse. Widerspricht der Rat eines Lehrers den buddhistischen Prinzipien, sollten wir hingegen zögern und um Klarstellung bitten. Wird beispielsweise einer ordinierten Person gesagt, sie solle Alkohol trinken, dann widerspricht das den Gelübden, die bei der Ordination abgelegt wurden. Dann wäre es weiser, die Anweisung des Lehrers zu missachten, es sei denn, er hätte eine überzeugende Begründung für sie gegeben.

Kurz gesagt sollte ein spiritueller Lehrer in den drei Bereichen, die er schult – Ethik, Meditation und Weisheit –, fähig und geschickt sein. Dies erfordert wiederum ein fundiertes Verständnis der drei Sammlungen von Lehren, was bedeutet, dass er oder sie die Schriften genau kennt. Ein spiritueller Lehrer muss jemand sein, der Ihre Fragen direkt beantworten und Zweifel auflösen kann. Außerdem sollten seine äußere Erscheinung und sein Verhalten den Grad seiner inneren Verwirklichung widerspiegeln beziehungsweise mit ihm übereinstimmen. Ein Sprichwort besagt, dass die Streifen des Tigers sichtbar sind, die eines Menschen hingegen nicht; man kann vom Äußeren eines Menschen nicht auf seinen Charakter schließen.

Haben Sie Vertrauen zu einem spirituellen Lehrer aufgebaut, ist es wichtig, Brüche in der Beziehung zu ihm zu vermeiden. Wie sollte man sich ihm gegenüber also verhalten? Wir können uns Folgendes sagen: „Weil die Buddhas aktiv am Wohlergehen aller fühlenden Wesen arbeiten und wir zu denen gehören, die Befreiung suchen, wird es einen Mittler geben, durch den wir ihre Inspiration und ihren Segen empfangen." Hierin besteht die Aufgabe eines spirituellen Meisters, denn er ist es, der die Wandlung in unserem Geist bewirkt.

Viertes Kapitel

Das Gesetz von Karma

Stellen Sie sich ein weites Meer vor, auf dessen Wellen ein goldenes Joch treibt. In den Tiefen des Meeres schwimmt eine einzelne blinde Schildkröte, die nur einmal in hundert Jahren zum Atemholen an die Oberfläche taucht. Wie groß ist die Wahrscheinlichkeit, dass die Schildkröte bei ihrem Auftauchen den Kopf durch die Öffnung im Joch steckt? Der Buddha sagte, die Wahrscheinlichkeit, die so kostbare Wiedergeburt als menschliches Wesen zu erreichen, sei weitaus geringer.

Es wird gesagt, dass selbst die Götter uns um unsere Existenz als Menschen beneiden, weil es die beste Daseinsform für die Übung des Dharma sei. Die Höhe der Weltbevölkerung liegt gegenwärtig ungefähr bei fünf Milliarden Menschen, und sie alle sind menschliche Wesen. Ihre Hände, Gehirne, Gliedmaßen und Körper gleichen sich fast völlig. Aber sobald wir nachforschen, ob alle diese Menschen die Möglichkeit haben, das Dharma zu praktizieren, werden wir Unterschiede finden. Es gibt keine ungünstigen Umstände, welche die Übung des Dharmas verhindern, wir sind frei von hinderlichen Faktoren wie einer Wiedergeburt mit falschen Vorstellungen, einer Wiedergeburt als Tier, Geist, Höllenwesen ... oder als Gottheit, die süchtig nach Genuss und Zerstreuung ist. Wir sind nicht als menschliches Wesen wiedergeboren worden, das Schwierigkeiten hat, die Lehren zu verstehen, oder an einem Ort geboren worden, an dem die buddhistischen Lehren nicht verfügbar sind. Andere widrige Umstände wären, in einem unzivilisierten Land geboren zu werden, in dem der Kampf um das tägliche Überleben alle Kraft in Anspruch nimmt, oder in einer Zeit zu leben, als noch kein Buddha erschienen ist.

Vielmehr stehen uns viele Dinge zur Verfügung, die uns die Praxis ermöglichen. Wir wurden nicht nur in Ländern geboren, in denen die Lehren verfügbar sind, sondern sind als menschliche Wesen auch in der Lage, diese Lehren umzusetzen. Wir haben keine verabscheuungswürdigen Verbrechen begangen und haben ein gewisses Maß an Vertrauen in die buddhistischen Lehren. Obwohl wir nicht zu Lebzeiten des Buddha geboren wurden, sind wir spirituellen Lehrern begegnet, deren Lehren sich bis zu Buddha zurückverfolgen lassen. Das Dharma wird bewahrt und blüht, weil es Praktizierende gibt, die diesen Lehren folgen. Dazu leben wir in einer Zeit, in der es freundliche Wohltäter gibt, die Mönche und Nonnen mit den für die Praxis notwendigen Grundlagen ausstatten, wie Nahrung, Kleidung und Unterkunft.

Es heißt, die Lehre Buddha Shakyamunis werde 5000 Jahre lang Bestand haben. Sollten wir nach diesem Zeitpunkt als Mensch wiedergeboren werden, werden wir aus ihr keinen Nutzen mehr ziehen können. Aber wir wurden im Zeitalter des Lichts wiedergeboren, in der die Lehre Buddhas weiterhin existiert. Um den Geist verwandeln zu können, muss man entschlossen sein, die Vorzüge, die das Leben als menschliches Wesen bietet, voll auszunutzen.

Bis zu diesem Zeitpunkt haben wir unser Leben gelebt, haben gegessen, in einem Haus gewohnt, Kleidung getragen. Wenn wir fortfahren, auf diese Weise zu leben, einfach zu essen, um zu leben, welchen Sinn kann dies unserem Leben geben? Wir alle haben die wertvolle Daseinsform eines menschlichen Wesens, aber für sich genommen ist das nichts, auf das man stolz sein könnte. Es gibt eine unendliche Anzahl anderer Lebensformen auf diesem Planeten, aber keine von ihnen war an einem solchen Ausmaß an Zerstörung beteiligt, wie es Menschen sich gestattet haben. Würden wir uns in unserem Leben von Mitgefühl und einer selbstlosen Haltung leiten lassen, könnten wir Großes erreichen – etwas, zu dem andere Lebensformen nicht in der Lage sind. Würden wir dieses kostbare Leben auf positive Weise nutzen, hätte es auf lange Sicht einen Wert. Unsere menschliche Existenz würde dann zu etwas wahrhaft Wertvollem. Wenn wir dagegen unser menschliches Potenzial, die Fähigkeiten unseres Gehirns, auf negative Weise nutzen, um Menschen zu quälen, auszubeuten und Zerstörung zu bewirken, dann wird unsere menschliche Existenz uns in der Zukunft selbst gefährden, genau wie wir gegenwärtig andere gefährden. Die Daseinsform als Mensch birgt das Potenzial, alles uns Bekannte auszulöschen, wenn sie auf negative Weise genutzt wird. Oder sie kann die Quelle für zukünftige Buddhaschaft sein.

Durch unsere falschen Vorstellungen und die durch sie bewirkten Handlungen sind wir in einen Kreislauf des Leidens getrieben worden – man bezeichnet dies als *karma*. Aufgrund des Ursache-Wirkungsverhältnisses zwischen unseren Handlungen und unserer Erfahrung verbringen wir unser Leben in Unruhe und Verwirrung, gewohnt, alle Arten von Höhepunkten und Tiefschlägen zu ertragen. Die vollkommene Befreiung von der Last vergangener Taten und der Knechtschaft von Wünschen, Hass und Unwissenheit wird *nirvana* genannt. Sobald wir fähig sind, unsere Illusionen und unser Karma aufzulösen, indem wir uns der ursprünglichen Makellosigkeit des Geistes bewusst werden, folgt vollkommener Friede und wir erreichen vollständige Befreiung aus dem Kreislauf des Leidens.

Mithilfe guter Taten, indem wir etwa vom Tode bedrohte Tiere retten, können wir die Bedingungen schaffen, die notwendig sind, um als Mensch wiedergeboren zu werden. Wenn wir aufrichtig und ernsthaft praktizieren, sind wir in der Lage, unsere spirituelle Entwicklung in den nächsten Leben fortzusetzen. Aber dieses Leben ist kostbar und nicht vorhersehbar, und es ist wichtig, zu üben, solange wir Gelegenheit dazu haben. Wir wissen nie, wie lange diese Möglichkeit währt.

Was wir in diesem Augenblick tun, hat – gemäß dem Gesetz von Karma, dem Prinzip von Ursache und Wirkung – Auswirkungen auf die Zukunft. Unsere Zukunft wird durch den gegenwärtigen Zustand unseres Geistes bestimmt, aber die momentane Verfassung unseres Geistes ist überwuchert von Illusionen und falschen Vorstellungen. Wir sollten danach streben, Erleuchtung zu erlangen. Ist dies nicht möglich, sollten wir versuchen, von der Wiedergeburt frei zu werden. Wenn dies nicht möglich ist, sollten wir zumindest die Samen für eine vorteilhafte Wiedergeburt im nächsten Leben pflanzen, damit wir nicht in niedere Existenzbereiche zurückfallen. Diesen kostbaren und seltenen Augenblick, in dem wir ungehindert das Dharma hören und praktizieren können, dürfen wir nicht verstreichen lassen.

Karma als das Gesetz von Ursache und Wirkung hat Ähnlichkeit mit dem Verständnis eines Physikers, der davon spricht, dass auf jede Aktion entweder eine gleiche oder eine gegenteilige Reaktion erfolgt. Wie in der Physik lässt sich die Art der Reaktion nicht immer voraussagen, aber manchmal können wir die Wirkung doch vorhersehen und das Ergebnis abschwächen.

Die Wissenschaft arbeitet gegenwärtig an Möglichkeiten, die Folgen der Umweltverschmutzung rückgängig zu machen, und noch mehr Wissenschaftler unternehmen den Versuch, weitere Verschmutzung zu verhindern. Auf gleiche Weise werden unsere zukünftigen Leben durch unsere Handlungen in der Gegenwart bestimmt, ebenso wie durch die der unmittelbaren Vergangenheit und die unserer vergangenen Leben. Die Übung des Dharma zielt darauf ab, das Ergebnis unserer karmischen Handlungen abzuschwächen und eine weitere Befleckung durch negative Gedanken und Handlungen zu verhindern. Diese negativen Gedanken und Taten werden andernfalls eine Wiedergeburt mit massivem Leiden bewirken. Früher oder später werden wir sterben, darum werden wir früher oder später auch wiedergeboren. Die Existenzbereiche, in denen wir wiedergeboren werden, sind auf zwei begrenzt – günstige und ungünstige. Wann wir wiedergeboren werden, hängt vom Karma ab.

Bewusstsein und Wiedergeburt

Karma wird durch einen Handelnden geschaffen, das heißt durch eine Person beziehungsweise ein Lebewesen. Lebewesen sind nichts anderes als das Selbst, das auf der Kontinuität des Bewusstseins beruht. Bewusstsein ist seiner Natur nach strahlend und klar. Es ist Träger von Wissen, dem ein früherer Moment des Bewusstseins als Ursache vorausgeht. Die Einsicht, dass das Bewusstseinskontinuum nicht in einer Lebenspanne aufgebraucht werden kann, macht die Wiedergeburt logisch begründbar. Aber auch wenn wir nicht von der Kontinuität des Bewusstseins überzeugt sind, wissen wir zumindest, dass es keinen Beweis gibt, der die Theorie vom Leben nach dem Tod widerlegen kann. Sie lässt sich nicht beweisen, aber auch nicht widerlegen.

Es sind viele Fälle bekannt, in denen sich Menschen sehr lebhaft an ihre vergangenen Leben erinnern können. Dies ist kein Phänomen, das nur auf Buddhisten beschränkt ist. Es gibt Personen mit solchen Erinnerungen, deren Eltern nicht an ein Leben nach dem Tod oder an vergangene Leben glauben. Mir sind drei Fälle bekannt, Kinder, die sich sehr klar an ihre vergangenen Leben erinnern können. In einem Fall waren die Erinnerungen sogar so lebhaft, dass die Eltern, die vorher nicht an ein Leben nach dem Tod geglaubt hatten, durch die deutlichen Erinnerungen ihres Kindes überzeugt wurden. Das Mädchen erinnerte sich nicht nur deutlich daran, im nahe gelegenen Dorf gelebt zu haben, sondern war auch in der Lage, seine früheren Eltern zu identifizieren, obwohl sie keine Gelegenheit gehabt hatte, diese vorher kennenzulernen.

Wenn es kein Leben nach dem Tod gibt, gibt es kein früheres Leben, und wir werden eine andere Erklärung für diese Art der Erinnerung suchen müssen. Darüber hinaus ist es oft der Fall, dass Eltern ihre zwei Kinder auf die gleiche Weise aufziehen, in derselben Gesellschaft, mit demselben Hintergrund, und dennoch ist eines der Kinder im späteren Leben erfolgreicher als das andere. Diese Unterschiede lassen sich als Ergebnis unserer vergangenen karmischen Handlungen erklären.

Der Tod ist nichts anderes als die Trennung des Bewusstseins vom physischen Körper. Wenn Sie das Phänomen des Bewusstseins nicht akzeptieren, wird es meiner Meinung nach für Sie sehr schwierig werden, genau zu erklären, was Leben ist. Wenn Bewusstsein mit einem Körper verbunden ist und diese Beziehung fortdauert, nennt man dies Leben, und wenn das Bewusstsein seine Beziehung zu einem bestimmten Körper gelöst hat, bezeichnet man dies als Tod. Obwohl unsere Körper Aggregate chemischer und physikalischer Komponenten sind, bildet eine Art subtiler Substanz von reiner Leuchtkraft die Basis für das Leben aller Wesen. Da diese Substanz nicht materieller Natur ist, können wir sie nicht messen. Das heißt jedoch nicht, dass sie nicht existiert. Wir haben bisher sehr viel Zeit und Energie aufgewendet, um die äußere Welt zu erforschen. Wenn wir nun unsere Herangehensweise ändern und unsere Energie auf die Erforschung des Inneren lenken und anfangen, es zu analysieren, bin ich sicher, dass wir in der Lage sein werden, die Natur des Bewusstseins – seine Klarheit und Leuchtkraft – in uns selbst zu entdecken.

Gemäß der buddhistischen Deutung ist Bewusstsein durchlässig und immateriell, und seine Aktivität bewirkt alle Formen von Emotionen, falschen Vorstellungen und menschlichen Fehlern. Gleichzeitig sind die Eigenschaften des Bewusstseins der Grund dafür, dass wir jene Makel und Täuschungen auflösen und dauerhaften Frieden sowie beständiges Glück erreichen können. Weil das Bewusstsein die Grundlage von Existenz und Erleuchtung darstellt, gibt es viele Schriften zu diesem Thema.

Aufgrund eigener Erfahrungen wissen wir, dass unser Bewusstsein beziehungsweise unser Geist Veränderungen unterworfen ist. Diese Tatsache deutet auf seine Abhängigkeit von Ursachen und Wirkungen hin, die ihn verändern, verwandeln und beeinflussen: die Bedingungen und Umstände unseres Lebens. Bewusstsein muss einen substanziellen Grund haben, ähnlich der Natur des Bewusstseins selbst, um überhaupt entstehen zu können. Ohne ein vorangegangenes Bewusstseinsmoment ist überhaupt kein Bewusstsein denkbar. Es kann nicht aus dem Nichts entstehen und zu Nichts werden. Materie kann sich nicht in Bewusstsein verwandeln. Deshalb sollten wir in der Lage sein, die kausale Kette von Bewusstseinsmomenten in der Zeit zurückzuverfolgen.

Die buddhistischen Schriften sprechen von Hunderten Milliarden Welten – einer unendlich großen Zahl von Welten –, die wie das Bewusstsein seit anfangslosen Zeiten existieren. Ich bin überzeugt, dass es andere Welten gibt. Auch die moderne Astronomie geht von der Existenz verschiedener Galaxien aus. Selbst wenn bislang die Möglichkeit von Leben auf anderen Planeten noch nicht wissenschaftlich bestätigt werden konnte, würde es der Logik widersprechen, nicht daran zu glauben und lediglich davon auszugehen, dass Leben nur auf diesem Planeten möglich sei, der von den Bedingungen dieses Sonnensystems abhängt. Buddhistische Schriften erwähnen die Existenz von Leben in anderen Welten sowie unterschiedliche Arten von Sonnensystemen und eine unendliche Anzahl von Galaxien.

Wenn Wissenschaftler heutzutage gefragt werden, wie das Universum entstanden ist, können sie viel dazu sagen. Aber fragt man sie, warum Evolution stattgefunden hat, wissen sie kaum, was sie darauf antworten sollen. Im Allgemeinen greifen sie nicht auf die Erklärung zurück, das Universum sei Gottes Schöpfung, denn sie verstehen sich als objektive Beobachter und glauben an die materielle

Natur des Universums. Einige behaupten, es sei ein bloßer Zufall gewesen. Diese Auffassung ist in ihrem Kern unlogisch, denn wenn irgendetwas durch Zufall existieren würde, dann wäre dies gleichbedeutend damit, zu sagen, dass existierende Dinge oder Ereignisse keine Ursache hätten. Aber dies widerspricht unserer alltäglichen Erfahrung. Alles hat eine Ursache: Wolken bewirken Regen, der Wind verteilt Samen, sodass neue Pflanzen wachsen. Nichts existiert ohne Ursache.

Wenn die Evolution eine Ursache hat, dann gibt es zwei mögliche Erklärungen. Wir könnten annehmen, das Universum sei von Gott geschaffen. In diesem Fall bleiben einige Widersprüche offen, denn zwangsläufig müssten Leiden und das Böse gleichfalls von Gott geschaffen worden sein. Die andere Möglichkeit besteht in der Erklärung, dass eine unendlich große Zahl fühlender Wesen existiert, deren gemeinsames karmisches Potenzial das gesamte Universum schuf, um einen Lebensraum zu haben. Das Universum, in dem wir leben, wurde durch unsere Wünsche und Taten geschaffen. Aus diesem Grund sind wir hier. Diese Erklärung ist zumindest widerspruchsfrei und damit logisch.

Zum Zeitpunkt unseres Todes werden wir von der Kraft unserer karmischen Handlungen herumgewirbelt. Die Folge negativer karmischer Taten ist eine Wiedergeburt in niederen Seinsbereichen. Um uns selbst vor negativen Handlungen zu bewahren, sollten wir uns daher fragen, ob wir dem Leiden in diesen niederen Bereichen gewachsen wären. Sobald wir erkannt haben, dass Glück die Folge guter Taten ist, werden wir große Freude daran haben, tugendhaft zu sein.

Indem man die eigenen Erfahrungen mit denen anderer vergleicht, wird man in die Lage versetzt, umfassendes Mitgefühl zu entwickeln, weil man erkennt, dass das Leiden der anderen sich nicht vom eigenen unterscheidet und auch sie sich nach Befreiung sehnen.

Es ist wichtig, das Leiden von Tieren und das Leiden in den Höllenreichen zum Gegenstand der Meditation zu machen. Wenn wir keinen spirituellen Fortschritt erreichen, werden uns unsere negativen Handlungen genau dorthin führen. Und wenn wir fühlen, dass wir den Qualen des Brennens oder der Kälte oder des unstillbaren Durstes nicht gewachsen wären, dann wird unser Motivation zu praktizieren ins Unermessliche wachsen. Jetzt, in dieser Existenzform als Mensch, haben wir die Möglichkeit, uns zu retten, weil die entsprechenden Bedingungen dafür erfüllt sind.

Die Wirkungen von Karma

Die Wirkungen von Karma sind eindeutig: Negative Taten haben stets Leiden zur Folge, gute Taten bewirken immer Glück. Handeln Sie gut, werden Sie glücklich sein, handeln Sie schlecht, leiden Sie. Unsere karmischen Taten folgen uns durch viele Leben. Das erklärt, warum manche Menschen, die schlechten Dingen oder Verlangen frönen, in der Welt erfolgreich sind, während sich andere, die ernsthaft den spirituellen Übungsweg gehen, einer großen Menge von Schwierigkeiten gegenübersehen. Eine unendlich große Zahl karmischer Taten sind in einer unendlichen Zahl von Leben begangen worden, sodass ein unendliches Potenzial für eine unendliche Zahl an Wirkungen entstanden ist.

Die Wirkungsmöglichkeiten von Karma werden im Laufe der Zeit immer größer. Aus kleinen Samen können riesige Früchte wachsen. Dies gilt entsprechend für das innere Ursache-Wirkungsverhältnis: Selbst eine kleine Handlung kann massive Konsequenzen bewirken – positive oder negative. Zum Beispiel bot eines Tages ein kleiner Junge dem Buddha eine Handvoll Sand an, von dem er fest glaubte, es handle sich um Gold. In einem späteren Leben wurde dieser kleine Junge als der große buddhistische Herrscher Ashoka wiedergeboren. Die kleinste gute Tat kann größtes Glück bewirken, und auf gleiche Weise kann die kleinste negative Handlung äußerst großes Leiden verursachen. Die Möglichkeit von Karma, in unserem Bewusstseinsstrom zu wachsen, ist weit größer als das Potenzial rein naturgesetzlicher Ursachen, wie beispielsweise der Same eines Apfels. Auf gleiche Weise wie Wassertropfen ein großes Gefäß füllen können, so können die kleinsten Taten, wenn sie beständig begangen werden, den Geist fühlender Wesen erfüllen.

In der menschlichen Gesellschaft lässt sich eine Vielzahl von Unterschieden entdecken. Einige Menschen haben in ihrem Leben stets Erfolg, andere sind immer erfolglos. Manche sind glücklich, sie sind fähig, gegenwärtig zu sein, und besitzen einen ruhigen Geist, andere Menschen scheinen entgegen unseren Erwartungen immer vom Pech verfolgt. Anderen wiederum, von denen wir genau dies erwarten würden, geschieht dies nicht. All das beweist, dass nicht alles in unserer Hand liegt. Manchmal, wenn wir versuchen, ein Projekt zu initiieren, kümmern wir uns um alle für einen Erfolg nötigen Bedingungen, aber trotzdem fehlt etwas. Wir sprechen davon, dass jemand Glück hat und jemand anderes Unglück, aber dies allein reicht nicht aus; Glück hat immer einen Grund, eine Ursache.

Laut der buddhistischen Erklärung ist alles eine Folge der Taten, die entweder in einem vergangenen Leben oder zu einem früheren Zeitpunkt in diesem Leben begangen worden sind. Wenn ihr Potenzial zur Reife gelangt ist, werden Sie mit einem Projekt Erfolg haben, selbst wenn Sie sich widrigen Umständen gegenübersehen. In anderen Fällen scheitern Sie, obwohl Sie für die erforderlichen Bedingungen gesorgt haben.

Wir Tibeter wurden zu Flüchtlingen und mussten viel Leid ertragen, aber trotzdem sind wir noch relativ glücklich und erfolgreich. Die Chinesen versuchten in Tibet, die Unterschiede innerhalb der Bevölkerung aufzuheben, indem sie Kommunen bildeten und privaten Besitz beschränkten. Dennoch wächst in manchen Gärten der Kommunen mehr Gemüse als in anderen, und einige Kühe geben mehr Milch. Dies zeigt, dass große Unterschiede zwischen den gesammelten Verdiensten Einzelner bestehen. Wenn die tugendhaften Handlungen einer Person zur Reife gekommen sind, wird sie trotzdem erfolgreich sein, auch wenn die Behörden ihr Eigentum beschlagnahmt haben, denn die Kraft ihrer Verdienste beziehungsweise ihr Karma zeigt Wirkung. Wenn Sie tugendhafte Taten auf rechte Art und Weise ansammeln – Töten vermeiden, Tiere befreien und Geduld gegenüber anderen entwickeln –, wird dies positive Auswirkungen auf ihre Zukunft und ihre zukünftigen Leben haben; verstricken Sie sich hingegen beständig in negativen Handlungen, haben Sie in der Zukunft notwendig die Konsequenzen zu tragen. Wenn Sie nicht an das Prinzip von Karma glauben, dann können Sie handeln, wie Sie wollen.

Was positive und negative Handlungen sind, hängt von unserer Motivation ab. Sind unsere Absichten gut, werden alle unsere Taten gut; sind unsere Absichten negativ, werden alle Taten negativ. Es gibt karmische Handlungen verschiedenen Typs: Manche sind vollständig tugendhaft, andere vollständig untugendhaft, und bei anderen handelt es sich um Mischformen. Obwohl manche Handlung für sich genommen möglicherweise ziemlich hart oder sogar gewalttätig erscheinen mag, bewirkt eine rechte Motivation Glück. Ist die Motivation dagegen falsch und hinterhältig, wird sich die Handlung in der Realität als negativ erweisen, auch wenn sie vielleicht positiv und nützlich erscheint. Alles hängt vom Geist ab: Ist Ihr Geist gebändigt und geschult, werden alle Handlungen positiv. Ist er dagegen ungezähmt und permanent von Wünschen und Hassgefühlen beeinflusst, wird negatives Karma angesammelt, obwohl Ihre Handlungen vielleicht den Anschein haben, positiv zu sein. Würden mehr Menschen an das Gesetz von Karma glauben, könnten wir wahrscheinlich auf Polizei und Gesetzgebung verzichten. Fehlt dagegen dieses innere Vertrauen in karmische Handlungen, wird keine äußere Macht, Gesetze oder Maßnahmen zur Durchsetzung von Recht und Ordnung, eine friedliche Gesellschaft herbeiführen können. In unserer modernen Welt werden hochentwickelte und komplizierte Geräte eingesetzt, um Gesetzesbrecher aufzuspüren und zu überwachen. Aber je faszinierender und komplexer die jeweiligen Maschinen werden, umso mehr wächst die Entschlossenheit der Verbrecher. Wenn sich unsere Gesellschaft zum Besseren verändern soll, dann wird die äußere Durchsetzung eines Gesetzes allein nicht ausreichen: Wir brauchen eine Art inneres Abschreckungsmittel.

Der Feind in uns

Verblendung ist die Hauptursache für die Wiedergeburt im *Samsara*, dem Daseinskreislauf. Ohne diese Verblendung hätten karmische Handlungen nicht die Kraft, eine Wiedergeburt zu bewirken – genau wie bei Samen, die verbrannt worden sind. Es ist sehr wichtig, die richtigen Heilmittel gegen die verschiedenen Formen der Verblendung zu finden, und dies hängt wiederum davon ab, ob es uns gelingt, sie richtig zu identifizieren. Daher sollten wir uns sehr genau über die kollektiven und individuellen

Kennzeichen der Verblendung im Klaren sein. Der erste Dalai Lama sprach davon, den inneren Feind, also unsere Verblendung, unter Kontrolle zu bekommen. Äußere Feinde mögen äußerst zerstörerisch wirken, aber in zukünftigen Leben können sie sich in Freunde verwandeln. Darüber hinaus geben Sie uns jetzt schon die Gelegenheit, Geduld und Mitgefühl zu praktizieren, denn grundsätzlich gleichen wir uns alle: Wir alle sehnen uns nach Glück und wollen nicht leiden. Aber der innere Feind, der Feind der Verblendung, verfügt über keinerlei positive Eigenschaften: Er muss unbedingt bekämpft und vernichtet werden. Daher müssen wir den Feind genau identifizieren und seine Arbeitsweise verstehen. Jeder geistige Zustand, der die Ruhe und den Frieden des Geistes zerstört und uns in seelische Nöte stürzt – das Gemüt aufregt, peinigt und quält –, ist ein mit Täuschung verbundener Bewusstseinszustand und wird deshalb als Verblendung bezeichnet.

Lassen Sie mich einige der wichtigsten Formen der Verblendung näher erläutern:

- Als Erstes ist ANHAFTUNG zu nennen, welche der Wunsch nach schönen Menschen, schönen Dingen oder angenehmen Erfahrungen ist. Von Anhaftung kann man sich nur sehr schwer befreien; es ist, als ob der Geist an das jeweilige Objekt gekettet wäre.
- Eine andere Verblendung ist WUT. Wenn Menschen wütend sind, lässt sich unmittelbar beobachten, wie sie ihre Ausgeglichenheit und Selbstbeherrschung verlieren; ihr Gesicht rötet und verzerrt sich, und sogar die Augen werden rot. Das Objekt der Wut, ob belebt

oder unbelebt, wird als feindselig und abstoßend empfunden. Wut ist ein zügelloser Zustand des Geistes, sehr grob und unausgeglichen.

- Eine weitere Verblendung ist STOLZ, ein geistiger Zustand, in dem der Betreffende sich durch seine eigenen Fähigkeiten, seine Stellung und seine Kenntnisse überlegen fühlt. Dieser Zustand basiert auf einer Haltung der Selbstbezogenheit. Ohne Rücksicht darauf, ob man wirklich etwas erreicht hat oder nicht, fühlt man sich „aufgebläht". Jemand, der großen Stolz besitzt, ist großspurig und wirkt aufgeblasen.
- Als Nächstes ist UNWISSENHEIT zu nennen, welche ein falsches Verständnis der Vier Edlen Wahrheiten, des Gesetzes von Karma und so weiter mit sich bringt. In diesem Zusammenhang bezieht sich Unwissenheit auf einen geistigen Faktor, der die Natur der Drei Juwelen (Buddha, seine Lehre und die spirituelle Gemeinschaft) sowie das Gesetz von Karma vollständig ignoriert.
- Die Verblendung mit der Bezeichnung ZWEIFEL ist das Schwanken in Bezug auf die Existenz der Vier Edlen Wahrheiten und des Gesetzes von Karma.

Tsongkhapa (1357–1419), ein berühmte Lehrer des tibetischen Buddhismus, spricht davon, dass alle Bereiche, in denen wir im Daseinskreislauf wiedergeboren werden, von den höchsten Bereichen der Existenz bis zur untersten Hölle, von Natur aus leidvoll sind. Diese Leiden entstehen weder grundlos noch werden sie durch eine allmächtige Gottheit geschaffen. Sie sind das Produkt unserer Verblendungen und karmischen Handlungen, die durch unsere ungezügelten Geisteszustände hervorgerufen werden.

Die Wurzel allen Leidens sind Unwissenheit über die wahre Natur der Erscheinungen und der Glaube, das Selbst sei etwas aus sich selbst heraus Existierendes. Unwissenheit veranlasst uns dazu, den Stellenwert der Phänomene zu überschätzen und zwischen einem Selbst und den anderen zu unterscheiden. Das fördert, dass Sehnsucht und Hass entstehen, die in der Realität alle Formen negativer Handlungen bewirken. Diese wiederum führen zu den von uns nicht gewünschten Leiden. Wenn wir diese Leiden vermeiden wollen, müssen wir herausfinden, ob es möglich ist, uns davon zu befreien. Wenn Unwissenheit, welche die Natur des Selbst verkennt, das Bewusstsein täuscht, dann lässt sich die Unwissenheit aufheben, indem man die Täuschung verhindert. Dies wird möglich, indem wir in unserem Geist eine Weisheit erzeugen, die das genaue Gegenteil jenes geistigen Zustandes beinhaltet, eine Weisheit, die erkennt, dass es nichts Derartiges wie ein aus sich selbst heraus existierendes Selbst gibt.

Wenn wir diese beiden Geisteszustände miteinander vergleichen – den einen, der an ein aus sich selbst heraus existierendes, von allem unabhängiges Selbst glaubt, und den anderen, der das Fehlen eines solchen Selbst wahrnimmt –, dann mag die Vorstellung von einem Selbst anfangs sehr stark und überzeugend erscheinen. Da es sich aber um eine Täuschung des Bewusstseins handelt, kann sie nicht logisch begründet werden. Der andere Geisteszustand, das Verstehen und die Einsicht in ein Nicht-Selbst, mag im Anfangsstadium schwach sein, ist dafür aber logisch begründbar. Früher oder später wird die Weisheit, die das Nicht-Selbst realisiert, die Oberhand gewinnen. Die Wahrheit ist zu Beginn vielleicht nicht allzu offenkundig, aber je näher wir ihr kommen, desto stärker wird sie an Klarheit und Deutlichkeit gewinnen. Etwas Falsches wirkt möglicherweise sehr stabil und fest, wird aber bei länger andauernder Untersuchung schließlich immer fadenscheiniger, weniger stabil und löst sich schließlich ganz auf.

Nachdem wir verstanden haben, dass letztlich alle Erfahrungen im Daseinskreislauf ihrem Wesen nach leidvoll sind, sollten wir den ernsthaften Wunsch entwickeln, uns daraus zu befreien. Von diesem Wunsch motiviert, beschreiten wir den Pfad der Drei Übungen: die Übung ethischen Verhaltens, die Übung der Konzentration und die Übung der Weisheit. Unter diesen dreien befindet sich das Heilmittel, das die Leidenschaften und Täuschungen aufhebt: die Nicht-Selbst erkennende Weisheit. Um dies zu erreichen, benötigen wir zuerst die durch Konzentration bewirkte geistige Stabilität, und diese hängt wiederum davon ab, ob die Grundsätze Reiner Sittlichkeit eingehalten werden. Daher ist eine Übung in ethischem Verhalten erforderlich. Im Anfangsstadium sollte deshalb an erster Stelle die Praxis der Ethik stehen; dies ist eine unmittelbare Notwendigkeit.

Tsongkhapa spricht davon, dass Achtsamkeit und

Selbstbeobachtung die Grundlage des gesamten Dharma bilden. Um ethisches Verhalten wirklich beobachten zu können, sind die Fähigkeiten der Selbstprüfung und rechten Achtsamkeit notwendig. Für Praktizierende, die keine Nonnen oder Mönche sind, bildet die Übung in Reiner Sittlichkeit – negative Handlungen zu unterlassen – die Grundlage für die Übung des Pfades, der zur Erleuchtung führt. Wenn wir nicht an die praktischen Erfordernisse, wie die Übung ethischen Verhaltens, denken und uns stattdessen auf die Suche nach immer subtileren Übungen machen, dann verwandelt sich unsere Praxis schlicht in Heuchelei und kann nicht ernst genommen werden. Mit der Praxis der Drei Übungen – ethischem Verhalten, Konzentration und Weisheit – sollten wir nicht nur für unsere eigene Befreiung arbeiten, sondern auch für die aller übrigen fühlenden Wesen.

Der Daseinskreislauf

Man kann sich fragen, *was unter dem Daseinskreislauf zu verstehen ist, wenn gesagt wird, dass er zusammen mit den damit verbundenen Qualen die verschiedenen Formen des wahren Leidens darstellt.*

Der Daseinskreislauf lässt sich in Bezug auf den jeweiligen Bereich in drei Typen einteilen. Dies sind der Sinnliche Bereich, der Körperliche Bereich und der Körperlose Bereich. Im Sinnlichen Bereich haben die Wesen Anteil an den Freuden der ‚Fünf Begehren auslösenden Eigenschaften‘: Form, Klang, Geruch, Geschmack und berührbare Objekte. Der Körperliche Bereich weist zwei Ebenen auf: Auf der unteren Ebene werden die Wesen nicht von äußeren Vergnügungen angezogen, aber haben Teil an den Freuden innerer Betrachtung. Auf der höheren Ebene haben sich die Wesen von jeglicher Form angenehmer Gefühle abgewandt und haben Teil an neutralen Gefühlen. Im Körperlosen Bereich sind jegliche Formen, jeglicher Klang, Geruch, Geschmack und berührbare Objekte sowie die fünf Sinne, die sich an ihnen erfreuen, abwesend. Nur der Geist existiert, und die Wesen erhalten nur neutrale Gefühle aufrecht, vollkommen bewusst und ohne Ablenkung.

Es existieren sechs unterschiedliche Arten fühlender Wesen, die den Daseinskreislauf durchwandern: *Götter, Halbgötter, Menschen, Hungergeister, Tiere und Höllenbewohner.* Der Bereich der Götter umfasst sowohl Wesen der Körperlichen und der Körperlosen Welt als auch die sechs Arten von Gottheiten im Sinnlichen Bereich. Halbgötter ähneln Göttern, sind aber bösartig und roh. Menschen bewohnen die sogenannten ‚vier Kontinente‘ und so weiter. Zu den Hungrigen Geistern rechnet man die verschieden Arten von Wesen, denen es in besonderem Maße an Essen und Trinken mangelt. Tiere bewohnen die Meere und bevölkern die Oberfläche der Erde. Höllenbewohner sind Wesen, die aufgrund und in Übereinstimmung mit den Impulsen, die durch ihre vorangegangenen Handlungen bewirkt wurden, in unterschiedlichen Farben und Formen geboren werden.

Die wesentliche Bedeutung des Daseinskreislaufs besteht darin, dass es sich um einen Prozess handelt, der außerhalb der eigenen Kontrolle liegt und der durch befleckte Handlungen und Leidenschaften in Gang gesetzt und aufrechterhalten wird. Er ist seiner Natur nach leidvoll; seine Funktion ist es, eine Grundlage für Leiden zu schaffen und zukünftiges Leiden zu verursachen. Technisch gesprochen handelt es sich beim Daseinskreislauf um die durch befleckte Handlungen und Leidenschaften angehäufte Summe befleckter geistiger und körperlicher Aggregate. Da nichts in den drei Bereichen existiert, das nicht zum Daseinskreislauf gehört, sind die geistigen und körperlichen Aggregate der Wesen ebenfalls Teil des Daseinskreislaufs.

Was ist die Wurzel des Daseinskreislaufs? Es gibt zwei Quellen für das Leiden: Leidenschaften und befleckte Taten. Leidenschaften werden als abgeleitete oder periphere Geistfaktoren klassifiziert und gehören selbst nicht zu den Sechs Arten von Bewusstsein (Sehbewusstsein, Hörbewusstsein, Riechbewusstsein, Schmeckbewusstsein, Tastbewusstsein und das Denkbewusstsein beziehungsweise Geistbewusstsein). Sobald sich jedoch ein schädlicher Geistfaktor zu manifestieren beginnt, gerät eine Bewusstseinsart (Geistbewusstsein) unter dessen Einfluss und wird in die entsprechende Richtung gelenkt, sodass eine schlechte Handlung ‚angelagert' wird.

Es gibt viele verschiedene Formen von Leidenschaften, aber die verhängnisvollsten sind Gier und Hass. Aufgrund einer ursprünglichen Selbstbezogenheit entsteht eine Abwehr in Form von Hass, sobald etwas Unerwünschtes geschieht. Weiterhin basiert auf dieser Selbstfixierung der Stolz, der einen glauben lässt, man sei überlegen oder von höherem Rang; und auf die gleiche Weise entsteht auch Unwissenheit, mit welcher die falsche Vorstellung gemeint ist, die hier dargestellte Wahrheit existiere nicht.

Wie ist es möglich, dass die Anhaftung an einen selbst eine derartig große Macht ausüben kann? – Weil der Geist aufgrund einer seit anfangsloser Zeit bestehenden Konditionierung am Begriff „Ich“ festhält, sogar in den Träumen. Die Macht dieser Idee bewirkt die Anhaftung an ein Selbst, samt den oben beschriebenen Folgen. Diese falsche Vorstellung vom „Ich“ entsteht aufgrund der Unwissenheit über die Art und Weise, wie die Dinge existieren. Die Tatsache, dass alles Existierende leer ist, das heißt ohne ein eigenständiges, unabhängiges Selbst, wirkt dunkel und ist schwer zu verstehen, und man ist davon überzeugt, dass die Dinge aus sich selbst heraus und unabhängig existieren. Die feste Vorstellung von einem „Ich“ leitet sich daraus ab. Daher wird die Vorstellung, die Phänomene existierten eigenständig, zur quälenden Unwissenheit, welche die tiefste Wurzel aller Leidenschaften darstellt.

Die verschiedenen Arten von Handlungen

Bezüglich ihrer Natur lassen sich zwei Arten von Taten unterscheiden: *Absicht-Tat* und *Gestaltende Tat*. Eine Absicht-Tat tritt vor den körperlichen oder verbalen Handlungen auf und stellt einen Geistfaktor dar, der den Handlungsimpuls liefert. Eine Gestaltende Tat ist eine körperliche oder verbale Handlung, die gleichzeitig mit der Beteiligung an einer Aktivität entsteht.

Aus Sicht der jeweiligen Wirkungen, zu denen Handlungen führen, lassen sich drei Arten von Taten unterscheiden: *verdienstvolle, nicht-verdienstvolle und unveränderliche*. Verdienstvolle Taten führen zu guten Wiedergeburten. Dazu gehören das Leben als Mensch, Halbgott oder Gott. Nicht-verdienstvolle Taten führen zu schlechten Wiedergeburten, das bedeutet, etwa als Tier, Hungergeist oder Höllenbewohner wiedergeboren zu werden. Beständige Taten führen in die oberen Bereiche, also in die Körperlichen und Körperlosen Bereiche.

Sie alle lassen sich in physische, verbale und geistige Taten untergliedern. Auch in Bezug auf die zu erlebenden Wirkungen können sie in drei Arten unterschieden werden: Die Folgen einer Handlung, die im gegenwärtigen Leben ‚angesammelt' werden, können entweder in diesem Leben, im darauffolgenden oder in irgendeinem zukünftigen erfahren werden.

Wie oben dargestellt, wird der Daseinskreislauf durch befleckte Handlungen und Leidenschaften verursacht. Wenn die Wurzeln der Leidenschaften beseitigt sind und keine neuen Handlungen ‚angesammelt' werden, existieren folglich keine Leidenschaften mehr, welche die andauernden Veranlagungen der in der Vergangenheit begangenen befleckten Taten aktivieren könnten. Damit werden auch die Ursachen für den Daseinskreislauf beseitigt. Dann sind wir frei von unseren Fesseln. Solange jedoch weiterhin durch vorangegangene befleckte Taten und Leidenschaften geschaffene geistige und physische Aggregate vorhanden sind, verwirkliche man ein Nirvana mit Überresten, sagen manche. ‚Ohne Überrest' bedeutet, dass keine Überreste der durch befleckte Taten und Leidenschaften produzierten geistigen und physischen Aggregate mehr existieren. Dennoch bestehen das Bewusstseinskontinuum und das Kontinuum unbefleckter geistiger und körperlicher Aggregate weiterhin.

Wenn die Ursachen beseitigt werden, lösen sich die befleckten Aggregate auf, und weil wir auf diese Weise von ihnen frei werden, wird das auf ihnen beruhende Leiden ausgelöscht. Hierin liegt Befreiung, die es in zwei Formen gibt: die Befreiung, die ein bloßes Auslöschen des Leidens und seiner Quellen ist, und die große, unübertroffene Befreiung, die Ebene der Buddhaschaft. In der zuerst genannten Ebene der Befreiung werden zwar alle Hindernisse ausgelöscht, die Leidenschaften erregen (welche die Befreiung aus dem Daseinskreislauf verhindern), jedoch nicht die Hindernisse auf dem Weg zur direkten Erkenntnis allen Wissens. Letztere Befreiung stellt die endgültige Ebene dar, die vollständige Auslöschung sowohl der Leidenschaften als auch der Hindernisse auf dem Weg zur Allwissenheit.

Die Drei Zufluchten

Was sind nun die Methoden, um unseren Geist zur Verwirklichung der Praxis zu führen? Zu Beginn sollte man Zuflucht nehmen und über seine Handlungen und deren Folgen nachdenken. Zuflucht bieten die *Drei Juwelen*: *Buddha*, seine *Lehre* und die *spirituelle Gemeinschaft*. Wenn sich ein fühlendes Wesen von den Befleckungen seines Geistes und deren latenten Tendenzen reinigt, dann erlangt es Befreiung von allen Fehlern, die als Hindernisse wirken. Deshalb erkennt es als Folge gleichzeitig und unmittelbar alle Phänomene. Solch ein Wesen wird als Buddha bezeichnet; es wird zum Lehrer der Zufluchtnahme und gleicht einem Arzt. Das Juwel der Lehre besteht aus den am höchsten stehenden (*arya*) Pfaden – die obersten rechten Pfade, die nicht nur die Befleckungen, sondern auch deren latente Tendenzen beseitigen – sowie den Zuständen, die aufgrund der Beseitigung dessen, was beseitigt werden muss, entstehen. Die Lehre stellt die eigentliche Zuflucht dar; sie ist wie Medizin. Das Juwel der Gemeinschaft umfasst alle Personen, ob ordiniert oder nicht, die innerhalb ihres Kontinuums einen höchsten Pfad geschaffen haben. Sie sind Freunde, die uns dabei helfen, Zuflucht zu finden; man könnte sie auch mit Krankenpflegern vergleichen.

Fünftes Kapitel

Den Geist transformieren

Alle Religionen haben prinzipiell das Ziel, den Menschen Wege anzubieten, die ihnen helfen, besser, vollkommener und schöpferischer zu werden. Während in bestimmten Religionen hauptsächlich das Rezitieren von Gebeten oder die Buße im Vordergrund steht, liegt im Buddhismus die wesentliche Übung darin, den Geist zu transformieren und zu entwickeln. Betrachten wir dies noch aus einem anderen Blickwinkel. Verglichen mit körperlichen oder verbalen Handlungen, sind geistige Vorgänge subtiler und schwer zu kontrollieren. Körperliche Aktivitäten und Worte sind offenkundiger und lassen sich leichter erlernen und üben. So gesehen ist spirituelle Arbeit, die auf den Geist abzielt, verwickelter und schwieriger zu verwirklichen.

Es ist entscheidend, wirklich zu erkennen, was Buddhismus ausmacht. Natürlich ist es gut, dass das Interesse am Buddhismus wächst, aber noch wichtiger ist, zu verstehen, was Buddhismus tatsächlich ist. Solange wir nicht den wesentlichen Nutzen und die wirkliche Bedeutung der buddhistischen Lehren verstanden haben, wird jeder Versuch, sie zu erhalten, wiederherzustellen oder zu verbreiten mit hoher Wahrscheinlichkeit auf einen falschen Weg führen. Die Lehre und das Verständnis des Dharma sind nichts

Materielles. Darum ist es keine Dharmapraxis, einfach nur Klöster zu errichten oder Schriften zu lesen, wenn dies ohne richtiges Verstehen des Dharma geschieht. Der Punkt ist, dass die Übung des Dharma im Geist stattfindet.

Es wäre ein Missverständnis zu denken, dass die gesamte Praxis des Dharma darin besteht, seinen Kleidungsstil zu ändern, Gebete zu sprechen oder die Niederwerfungen zu üben. Lassen Sie mich das näher erklären: Während wir uns niederwerfen und den Tempel umrunden, entstehen alle möglichen Gedanken in unserem Geist. Wenn wir uns langweilen und der Tag lang ist, kann es sehr angenehm sein, um den Tempel zu gehen. Ist man zusätzlich in Begleitung eines gesprächigen Freundes, vergeht die Zeit sogar wie im Flug. Unter diesen Umständen haben Sie vielleicht einen netten Spaziergang gemacht, aber um Dharmapraxis im eigentlichen Sinne handelt es sich nicht. Es sind sogar Gelegenheiten denkbar, bei denen es den Anschein hat, als würde das Dharma geübt, in Wirklichkeit aber wird negatives Karma erzeugt. Zum Beispiel könnte jemand den Tempel umrunden und dabei den Plan aushecken, eine andere Person zu betrügen, oder er schmiedet Rachepläne gegenüber einem Rivalen. In seinem Geist entstehen Gedanken wie: „Auf diese Weise werde ich ihn kriegen, ihm das Folgende sagen, und dieses werde ich tun." In ähnlicher Weise ist es möglich, heilige Mantren zu rezitieren, während der Geist mit bösen Gedanken beschäftigt ist. Was wie die körperliche und verbale Übung des Dharma aussieht, kann also trügerisch sein.

Wir sprachen davon, dass das Hauptziel der Übung des Dharma ein Training des Geistes sei. Auf welche Weise tun wir das? Denken Sie an die Augenblicke, in denen Sie dermaßen wütend auf eine Person waren, dass Sie alles getan hätten, um ihn oder sie zu verletzen. Als ein guter Praktizierender des Dharma ist es notwendig, dass Sie den entsprechenden Fall auf rationale Weise analysieren. Sie müssen über die zahlreichen Fehler der Wut nachdenken sowie über die positiven Folgen, die ein entwickeltes Mitgefühl haben kann. Sie können auch mit dem Gedanken arbeiten, dass die Person, auf die Sie wütend sind, genau wie Sie selbst glücklich und frei von Leiden sein möchte. Wie ließe es sich unter diesen Bedingungen rechtfertigen, die entsprechende Person zu verletzen?

Sie können sich Folgendes sagen: „Ich halte mich selbst für einen Buddhisten. Beim Aufwachen am Morgen beginne ich unmittelbar damit, für die Zufluchtnahme und die Entwicklung eines Erwachten Geistes zu beten. Ich habe das Versprechen gegeben, allen fühlenden Wesen zu helfen, aber jetzt bin ich entschlossen, grausam und unvernünftig zu sein. Wie kann ich mich da als Buddhisten bezeichnen? Wie kann ich es wagen, den Buddhas gegenüberzutreten, wenn ich sie durch mein Verhalten zum Gespött mache?"

Indem Sie auf solche Weise denken, können Sie Ihre harte und rücksichtslose Haltung und das Gefühl der Wut und des Ärgers auflösen. Stattdessen lassen sich sanfte und freundliche Gedanken hervorrufen, indem man darüber reflektiert, dass es falsch ist, über jene Person wütend zu sein, und wie sehr sie oder er Freundlichkeit und Wohlwollen braucht. Auf diese Weise können Sie Ihr Herz wahrhaft transformieren. Das ist Dharma in der eigentlichen Bedeutung des Wortes. Ihre vorhergegangenen negativen Gedanken können zerstreut und durch positive Gefühle und Mitgefühl für diese Person ersetzt werden. Diese dramatische Veränderung sollten wir uns bewusst machen. Es handelt sich um einen Schritt von großer Wichtigkeit. Denn das meine ich, wenn ich von einer echten Praxis des Dharma spreche, allerdings ist es alles andere als eine einfache Angelegenheit.

Sobald der Geist durch aufrichtig tugendhafte Gedanken bestimmt wird, vermag keine negative Kraft gleichzeitig ihren Einfluss auszuüben. Und wenn Ihre Handlungen von freundlichen und auf das Glück anderer abzielenden Absichten bestimmt werden, können selbst scheinbar negative Handlungen positive Wirkungen haben. Beispielsweise ist es normalerweise negativ, zu lügen, aber wenn Sie es aus Mitgefühl und auf der Basis rationaler Überlegung tun, um jemand anderem zu helfen, kann sich Lügen in etwas Heilsames verwandeln.

In der Tradition des Mahayana ist ein Bodhisattva ein Wesen, das nach Buddhaschaft oder Erleuchtung strebt, um anderen zu helfen und sie zu befreien. Das selbstlose Streben des erwachten Geistes entstammt der Bodhisattva-Praxis von liebender Güte und Mitgefühl. Daher ist es einem Bodhisattva unter Umständen erlaubt, negative körperliche und verbale Handlungen zu begehen. Solche Vergehen führen normalerweise zu unerwünschten Wirkungen. Aber in Abhängigkeit von den zugrunde liegenden Absichten können diese Handlungen manchmal neutral und zu anderen Zeiten sogar in wunderbarer Weise verdienstvoll sein.

Dies sind einige Gründe, weshalb wir darauf bestehen, dass der Buddhismus grundlegend auf den Geist bezogen ist. Unseren körperlichen oder verbalen Handlungen kommt nur eine sekundäre Rolle zu. Daher ist die Qualität und Reinheit jeglicher Form spiritueller Praxis von der individuellen Absicht und dem jeweiligen Beweggrund abhängig.

Störende Emotionen

Störende Emotionen sind außergewöhnlich raffiniert und widerstandsfähig. Wenn eine Person unter ihrer Kontrolle auf den Herrscherthron gelangt, wird sie selbst irregeführt werden. Während ihrer Rede schwillt ihr Stolz immer mehr an, je länger sie spricht. Auf diese Weise funktionieren schwierige Emotionen. Ihre Wirkungen sind erstaunlich. Aus dem Wunsch heraus, mehr Anhänger zu haben, können sie einen Meister dazu bringen, sich mit anderen zu entzweien. In derartigen Fällen wirken Anhaftung und eine feindliche Einstellung gleichermaßen.

Glücklicherweise existiert eine Kraft, mit deren Hilfe sich schwierige Emotionen bekämpfen lassen. Diese Kraft ist die *Weisheit*. Diese Weisheit wird klarer und schärfer, wenn wir zusätzlich Dinge analysieren und untersuchen. So kann sie kraftvoll und dauerhaft wirken. Auf der anderen Seite kann ein unwissender Geist, auch wenn er sehr raffiniert und gerissen arbeitet, einer Analyse nichts entgegensetzen. Seine Kraft zerfällt, wenn wir ihn auf intelligente Weise untersuchen und prüfen. Durch diese Erfahrung gewinnen wir das Vertrauen, die durch schwierige Emotionen erzeugten Probleme angehen zu können. Wenn wir studieren und nachdenken, können wir Weisheit und störende Emotionen wie Feindseligkeit und Anhaftung irgendwann besser verstehen. Diese schafft der Geist, wenn er davon überzeugt ist, dass sich die Dinge so und nicht anders verhalten, dass sie so existieren, wie sie in Erscheinung treten.

Der Geist, der daran festhält, dass alles auf substanzielle Weise existiert, ist außerordentlich aktiv, kraftvoll und listig. Sein enger Begleiter, die auf sich selbst fixierte Haltung, ist ebenso zäh und eigensinnig. Schon viel zu lange haben wir vollständig unter der Herrschaft dieser Haltung gestanden. Sie gibt sich als unser Freund, Unterstützer und Beschützer aus. Jetzt, da wir vorsichtig und urteilsfähig sind, sollten wir Weisheit entwickeln und begreifen, dass die Dinge nicht so sind, wie sie uns erscheinen, dass ihnen diese Form von Wahrheit fehlt; dies wird als Weisheit der Leerheit bezeichnet. Indem wir uns unausgesetzt bemühen, diese Waffe einzusetzen, haben wir die Chance, uns gegen störende Emotionen zu wehren und zurückzuschlagen.

Im Folgenden werde ich mich auf Unvollkommenheiten beziehen, welche Leiden verursachen: das Karma und störende Emotionen, wie auch die Spuren, die sie hinterlassen. Diese Unvollkommenheiten lassen sich nur beseitigen, indem man geeignete Gegenmittel anwendet. Die Spuren, die von störenden Emotionen hinterlassen werden, hindern uns daran, Allwissenheit zu erlangen. Das Bewusstsein besitzt von Natur aus das Potenzial, alles zu wissen und zu erkennen, allerdings verdunkeln jene Unvollkommenheiten den Geist und halten ihn von solcher Art Wissen fern. Diese Hindernisse können beseitigt werden, indem der Geist die entsprechenden Gegenspieler einsetzt. Wenn das Bewusstsein völlig frei ist von Hindernissen, erweitert es sich unweigerlich zu vollständiger Bewusstheit und man erwacht zu vollkommener Erleuchtung.

Bei Erleuchtung handelt es sich nicht um ein materielles Gebilde wie eine himmlische Heimstatt. Sie stellt die dem Geist innewohnende Qualität dar, in der sich sein volles positives Potenzial ausdrückt. Daher muss ein Übender, um diesen Zustand der Wachheit zu erreichen, damit beginnen, die negativen Seiten des Geistes aufzulösen und eine positive Qualität nach der anderen zu entwickeln. Es ist der Geist, der auf aktive Weise die Gegenmittel zur Anwendung bringt, während negative Impulse und Verdunkelungen beseitigt werden. Schließlich kommt der Zeitpunkt, an dem störende Emotionen und geistige Blockierungen nicht wieder auftreten können, gleichgültig was passiert. Der Geist ist ferner ausschließlich an der Entwicklung von Einsicht und Wissen beteiligt. Egal wie gering die positive Energie zu Beginn sein mag, zu gegebener Zeit wird der Geist vollständig mit Erkenntnis erfüllt sein und zur Buddhaschaft erwachen.

Es ist wichtig, sich in Erinnerung zu rufen, dass alles, was der Buddha lehrte, dazu diente, den fühlenden Wesen zu helfen und sie auf dem spirituellen Pfad zu leiten. Seine philosophischen Ausführungen waren keine bloßen abstrakten Spekulationen, sondern Teil des Prozesses und der Techniken, um störende Emotionen zu bekämpfen. Um die Zweckmäßigkeit der Heilmittel für die verschiedenen störenden Emotionen einzuschätzen, müssen wir unsere eigene Erfahrung zu Hilfe nehmen. Der Buddha lehrte, dass wir über liebende Güte meditieren sollten, um Wut und Hass zu begegnen. Indem wir den abstoßenden Seiten eines Objektes Aufmerksamkeit schenken, verringern wir die Anhaftung an dieses Objekt. Es gibt zahlreiche logische Überlegungen, die zeigen, dass die Auffassung falsch ist, es gäbe etwas substanziell Existierendes. Diese Vorstellung beruht auf Unwissenheit, und die Weisheit, welche in der Erkenntnis der Leerheit besteht, ist ihr direkter Gegenspieler.

Aus den Lehren können wir folgern, dass störende Emotionen lediglich zeitweilige Leidenschaften des Geistes darstellen und dass sie vollständig beseitigt werden können. Sobald der Geist unbefleckt ist, enthüllt sich seine wahre Natur vollständig, nämlich Klarheit und Bewusstheit. Je mehr man diesbezüglich versteht, desto eher erkennt ein Übender die Möglichkeit, Nirvana und Buddhaschaft zu erreichen. Dies ist wie eine wunderbare Offenbarung.

Selbst wenn sich alle Götter im Universum gegen Sie verschworen hätten, wenn jedes Lebewesen Ihr Feind wäre, hätten diese nicht die Macht, Sie in die Hölle zu schicken. Störende Emotionen hingegen sind in der Lage, Sie innerhalb eines einzigen Moments der Hölle auszuliefern. Dies ist der Grund, warum störende Emotionen seit anfangsloser Zeit unsere Feinde sind und uns schaden und zerstören. Niemals hat es einen Feind gegeben, der beharrlicher war als diese störenden Emotionen. Gewöhnliche Feinde sterben und verschwinden. Wenn Sie die Wünsche eines herkömmlichen Feindes erfüllen, wird er mit der Zeit Ihr Freund oder Ihre Freundin werden. Er wird sich in jemand verwandeln, der Sie unterstützt und Ihnen nutzt. Bei störenden Emotionen ist es hingegen so, dass diese Ihnen umso mehr schaden und Ihnen Leiden verursachen, je mehr Sie sich nach diesen richten. Sie sind unser ständiger Feind, die alleinige Ursache für all unser Leiden. Solange wir diesen Feind nachsichtig in uns hausen lassen, können wir nicht glücklich werden.

Wenn Sie mit einem gewöhnlichen Feind Krieg führen, erzielen Sie möglicherweise einen Sieg und vertreiben den Feind aus Ihrem Gebiet. Gewöhnliche Feinde können sich neu sammeln, Verstärkung holen, sich neu ausrüsten und in die Schlacht zurückkehren. Kämpfen Sie jedoch gegen störende Emotionen, können diese nicht wiederkehren, wenn sie erst einmal besiegt und zerstört wurden. In dieser Hinsicht sind störende Emotionen schwach; wir brauchen keine Nuklearraketen oder Bomben, um sie zu zerstören. Sie sind schwach, denn sobald wir fähig sind, die

Wirklichkeit zu sehen und das Auge der Weisheit zu entwickeln, können wir störende Emotionen beseitigen. Doch wohin gehen sie, wenn wir sie innerhalb unseres Geistes vernichtet haben? Sie lösen sich in der Leerheit auf. Sie können nicht an einem anderen Ort nochmals auftauchen und neue Kräfte sammeln, und deshalb können sie uns auch keinen Schaden mehr zufügen.

Keine der störenden Emotionen vermag aus sich selbst heraus beziehungsweise unabhängig existieren. Wenn Ärger und Hass in unserem Geist entstehen, entwickeln sie große Macht und bringen ihn aus dem Gleichgewicht. Ebenso zeigt sich aber bei näherer Betrachtung, dass diese Gefühle keinen besonderen Platz haben, an dem sie sich verbergen oder fortbestehen können. Weder leben sie im Körper fort noch überdauern sie in den Sinnen. Wenn Sie versuchen, unter der Vielzahl geistiger oder körperlicher Bestandteile oder außerhalb davon störende Emotionen zu entdecken, werden Sie an diesen Orten nichts finden. Störende Emotionen gleichen Illusionen. Warum sollten wir ihnen gestatten, uns in die Hölle zu stürzen?

Das Aufrechterhalten der Achtsamkeit

Alle Erfahrungen haben ihren Ursprung im Geist. Ob es sich um positive oder negative Erfahrungen handelt, ist abhängig davon, ob es sich um einen transformierten Geist handelt oder nicht. Aus diesem Grund ist es von äußerster Wichtigkeit, den Geist zu kontrollieren und zu disziplinieren. Alle unsere Ängste und das grenzenlose Leiden, dem wir uns gegenübersehen und das wir erleiden müssen, werden durch unseren Geist verursacht. Der Buddha sprach davon, dass es keinen mächtigeren Feind als den Geist gebe. In allen Bereichen der Existenz gebe es nichts Schrecklicheres, nichts, das man mehr fürchten müsse als den Geist. Ebenso sprach er davon, dass ein gezähmter Geist alles Gute hervorbringe. Die Quelle und Ursache von Frieden und Glück ist der Geist. Glück entsteht durch tugendhaftes Handeln, Leiden entsteht durch schlechte Taten. Demnach hängen Glück und Leiden davon ab, ob Ihr Geist transformiert ist oder nicht. Oder kurz gesagt, je besser Sie ihren Geist zähmen und disziplinieren, desto glücklicher und entspannter werden Sie sein.

Wenn im Geist Ordnung und Ausgeglichenheit herrschen, werden Sie sich nicht bedroht oder unglücklich fühlen, selbst wenn es den Anschein hat, das gesamte Universum habe sich gegen Sie verschworen und stehe Ihnen feindlich gegenüber. Auf der anderen Seite werden Sie die herrlichsten Speisen, die Ihnen vorgesetzt werden, nicht genießen können, wenn Sie innerlich verstört sind und in Ihnen Krieg herrscht. Sie mögen vielleicht angenehme Dinge hören, aber sie werden Ihnen keine Freude bereiten. Daher werden Sie Glück oder Leid erfahren, je nachdem ob Ihr Geist gezähmt ist oder nicht.

Sobald Sie Ihren Geist so verwandelt haben, dass Sie Besitzdenken und Verlangen hinter sich gelassen haben, sind Sie fähig, die Vollkommenheit des Gebens zu praktizieren. Vollkommenheit des Gebens bedeutet, dass Sie nicht nur alles, was Sie besitzen, der Gesamtheit aller fühlenden Wesen als Geschenk anbieten, sondern auch die positiven Wirkungen, die daraus entstehen. Diese Übung ist vollständig vom Zustand des Geistes abhängig. Ähnlich verhält es sich mit der vollkommenen Sittlichkeit. Vollkommenheit der Sittlichkeit bedeutet, dass Sie einen Zustand des Geistes verwirklicht haben, der ausschließt, fühlenden Wesen in irgendeiner Weise zu schaden. Es handelt sich um einen Zustand, der völlig frei ist von der Fixierung auf ein Selbst. Gleiches gilt für die Praxis der Geduld. Die Menge unbändiger fühlender Wesen ist so unendlich wie der Raum. Sobald Sie jedoch fähig sind, Ihren Geist zu kontrollieren, ist es so, als ob Sie alle äußeren Feinde vernichtet hätten. Ein ruhiger Geist lässt sich nicht aus der Fassung bringen, selbst wenn die gesamte Umgebung Ihnen feindlich gesinnt ist. Um seine Füße vor Dornen zu schützen, kann man nicht die gesamte Erde mit Leder bedecken.

Wenn Sie Ihren Geist schützen wollen, müssen Sie sich darum bemühen, Ihre Achtsamkeit zu erhalten. Wenn Sie nicht aufmerksam sind und Ihre Achtsamkeit nachlässt, geht sein in der Vergangenheit erworbener Wert verloren, so als ob Diebe Sie bestohlen hätten. Infolgedessen werden Sie in einen ungünstigen Daseinszustand zurückfallen. Störende Emotionen sind mit Räubern und Dieben vergleichbar. Sie sind stets wachsam und suchen eine passende Gelegenheit. Sobald sie sich ergibt, greifen sie zu und berauben Sie Ihrer Tugend. Sie stehlen Ihnen Ihr Lebensglück. Lassen Sie darum nicht zu, dass Ihre Achtsamkeit schwächer wird. Wenn sie dennoch bei einer Gelegenheit schwindet, stellen Sie sie wieder her, indem Sie sich das endlose Leiden im Daseinskreislauf vergegenwärtigen.

Wie können wir unsere Achtsamkeit und Aufmerksamkeit bewahren? Indem wir in Verbindung mit spirituellen Lehrern stehen, den Lehren und Unterweisungen zuhören, die Praxis kennen und wissen, welche Verhaltensweisen aufgegeben werden sollten. Je mehr Achtung Sie vor den Lehren haben, desto aufmerksamer werden Sie sein. Wenn Sie mit guten Freunden zusammen sind, bleiben Sie ganz natürlich aufmerksam. Indem Sie die Lehren hören und dem Beispiel guter Freunde folgen, können Sie herausfinden, welches Verhalten Sie aufgeben und welches Sie annehmen beziehungsweise verstärken sollten. Denken Sie über die Erläuterungen in Bezug auf die Unbeständigkeit und das Leiden im Daseinskreislauf nach, dadurch werden Sie in Ihrem Geist Furcht erzeugen. Mithilfe dieser Furcht wird eine erfolgreiche Person schnell achtsam sein.

Eine andere Möglichkeit, Achtsamkeit zu kultivieren, besteht darin, sich in Erinnerung zu rufen, dass die Buddhas und Bodhisattvas über einen allwissenden Geist verfügen. Diese wissen fortwährend, was Sie tun; wenn Sie sich an deren Gegenwart erinnern, werden Sie aufmerksamer sein. Sie werden Scham empfinden, wenn Sie etwas Schlechtes getan haben.

Da die Buddhas und Bodhisattvas über eine klare und umfassende Bewusstheit verfügen, lässt sich nichts vor ihnen verbergen. Dies zu verstehen und ehrfürchtig zu bleiben, ist ein Weg, den Buddhas Achtung zu erweisen. Normalerweise tendieren wir zu der Auffassung, die Buddhas und Bodhisattvas würden uns nur dann ihre Aufmerksamkeit schenken, wenn wir ein paar Gebete sprechen oder ihren Namen anrufen. Das ist falsch. Die Allwissenheit der Buddhas durchdringt alles, selbst die feinsten Partikel. Anders gesagt, der Geist eines Buddha ist sich aller Erscheinungen bewusst, ungeachtet von Raum und Zeit. Zu erkennen, dass Sie stets die Aufmerksamkeit der allwissenden Buddhas genießen, ist der Weg, dem Buddha und seinen Qualitäten Achtung zu erweisen. Dies ist für die Praxis im Alltag von sehr großer Bedeutung.

Mithilfe Ihrer Achtsamkeit werden Sie in die Lage versetzt, sich zurückzuhalten, wenn Schwierigkeiten auftreten. Vielleicht ärgern Sie sich über jemanden, während Sie sich mit ihm unterhalten. Ihr Gewahrsein wird Sie veranlassen, entweder das Gespräch zu beenden oder zu einem anderen Thema überzugehen. Verstehen Sie, dass es keinen Nutzen hat, es der anderen Person heimzuzahlen, obwohl diese unverschämt ist und Worte gebraucht, die Sie provozieren. Anstatt sich mit dieser Situation länger aufzuhalten, richten Sie Ihre Aufmerksamkeit auf die Ihrer Meinung nach zutreffenden Standpunkte der anderen Person. Dies wird Ihnen gleichfalls helfen, Ihren Ärger zu verringern.

Unser Geist ist wie ein Elefant; durch störende Emotionen gerät er außer Kontrolle. Aus diesem Grund sollten wir ihn an die feste Säule der spirituellen Praxis anbinden. Setzen Sie all Ihre Kraft und Fähigkeiten dazu ein, Ihren Geist zu prüfen, und vermeiden Sie, ihn auch nur für einen Moment umherwandern zu lassen. Nehmen Sie genau wahr, was er plant und was er gerade tut. Wenn Sie beginnen zu meditieren, müssen Sie von vornherein den festen Willen entwickeln, aufzupassen und sich nicht ablenken zu lassen. Als Folge werden Sie ungefähr 15 Minuten lang erfolgreich meditieren können, ohne abgelenkt zu werden. Sobald Sie sich daran gewöhnt haben, ist es möglich, die Dauer der Meditation zu verlängern.

Natürlich ist es schwierig, den Geist im Zaum zu halten und ihn dazu zu bringen, beim Gegenstand der Meditation zu verweilen. Es ist schwierig, den Geist dazu zu bewegen, das zu tun, was Sie wollen, aber im Laufe der Zeit werden Sie Erfolg haben. Dabei ist jede Technik geeignet, die Ihnen hilft, den Geist zu leiten. Zum Beispiel könnte es hilfreich sein, bei bestimmten Meditationen mit dem Gesicht in Wandrichtung zu sitzen. Manchmal hilft es, die Augen zu schließen. Zu anderen Zeiten kann es besser sein, die Augen geöffnet zu halten. Dies hängt von Ihrer Neigung und den jeweiligen Umständen ab.

Auf diese Weise werden Sie beständig wachsam sein und lassen sich nicht durch störende Emotionen beeinträchtigen oder in sinnlose Aktivitäten verstricken. Wenn Sie irgendwo hingehen oder etwas sagen wollen, prüfen Sie zuerst, ob Ihr Verhalten angemessen und zweckmäßig ist. Sobald Sie das Gefühl haben, dass ein Gefühl der Anhaftung oder des Ärgers in Ihnen aufsteigt, sollten Sie es vermeiden, irgendetwas zu tun; sagen Sie nichts und tun Sie nichts – seien Sie wie ein Stück Holz.

Wenn Sie über irgendein bedeutungsloses Thema in Gelächter ausbrechen wollen, mit etwas prahlen, die Fehler anderer erörtern, andere täuschen, etwas Unpassendes sagen oder sarkastische Bemerkungen machen, sich selbst loben oder andere kritisieren beziehungsweise beschimpfen wollen, verharren Sie in Ruhe wie ein Stück Holz. Wenn Sie versuchen, Besitz, Respekt, Ruhm oder Ansehen zu erlangen, oder eine Gruppe von Anhängern um sich scharen wollen, verharren Sie in Ruhe wie ein Stück Holz. Wenn Sie spüren, dass Sie beginnen, die Ziele und Absichten anderer Personen zu missachten, und danach trachten, die eigenen Ziele in den Vordergrund zu stellen, oder sogar darüber sprechen wollen, seien Sie wie ein Stück Holz. Wenn Sie spüren, dass Sie ungeduldig, träge oder mutlos werden, überhebliche Bemerkungen machen wollen oder ein Gefühl der Selbstzufriedenheit in Ihnen entsteht, seien Sie wie ein Stück Holz.

Bleiben Sie aufmerksam und üben Sie sich darin, zu unterscheiden, worin die Praxis besteht und welche Verhaltensweisen Sie aufgeben sollten. Setzen Sie zuversichtlich positive Handlungen um, ohne sich dabei allzu sehr von der Unterstützung durch andere Personen abhängig zu machen. Vernachlässigen Sie die Hauptpraxis nicht zugunsten einer untergeordneten Praxis. Das Allerwichtigste bei allem, was Sie tun, ist, dass es zum Wohle und zum Nutzen anderer Menschen ist; die Wirkungen Ihrer Handlungen sollten dem Anliegen der anderen gerecht werden. Sobald wir diesen wesentlichen Punkt verstanden haben, sollten wir uns fortgesetzt darum bemühen, im Interesse anderer Menschen zu handeln. Dies hat uns Buddha, der voller Mitgefühl war, gelehrt. Der Buddha war weitsichtig und wusste, was auf lange Sicht und was kurzfristig nutzbringend ist. Aus diesem Grund sind seine Anweisungen flexibel, und darum ist einem Bodhisattva, der beständig für das Wohl anderer arbeitet, unter Umständen etwas erlaubt, das üblicherweise verboten ist.

Es gehört zur Natur des Geistes, dass er etwas umso leichter zu tun vermag, je vertrauter er damit ist. Wenn wir fähig sind, Leiden aus einer transformierten Perspektive zu betrachten, sind wir in der Lage, selbst größeres Leiden zu erdulden. Es existiert nichts, das nicht mit wachsender Vertrautheit einfacher würde. Wenn wir uns daran gewöhnt haben, geringfügigen Schmerz auszuhalten, werden wir mit der Zeit auch stärkere Schmerzen ertragen können. Es gibt zahlreiche Menschen, die es ertragen, von Insekten angegriffen zu werden, die Hunger und Durst aushalten oder ständig von Dornen gestochen und zerkratzt werden. Menschen stellen sich all diesen im Grunde bedeutungslosen Leiden mit Leichtigkeit, sobald sie sich daran gewöhnt haben. Daher macht es die Sache nur schlimmer, wenn wir uns Sorgen über geringfügige Dinge machen wie beispielsweise Hitze oder Kälte, Wind und Regen, Krankheit oder Verletzungen. Manchmal werden Menschen sogar mutiger, wenn sie ihr eigenes Blut sehen, anstatt Angst um sich selbst zu haben. Andere fallen schon in Ohnmacht sobald sie irgendein Blut sehen, ganz zu schweigen von ihrem eigenen. Diese Unterschiede entstehen, weil Menschen unterschiedliche

Grade innerer Stabilität besitzen. Einige besitzen Entschlossenheit, andere sind eher zaghaft und ängstlich.

Wenn Sie lernen, sich aus freien Stücken kleinen Problemen bewusst zuzuwenden, werden Sie mit der Zeit die verschiedenen Grade von Leiden erfolgreich meistern. Dies ist der Weg der Weisen, die ihrem Geist niemals erlauben, seine Stabilität zu verlieren, wenn sie Leiden erfahren.

Die Tore der fünf Sinnesorgane erlauben einem Lebewesen zu sehen, zu hören, zu schmecken, zu fühlen und mit einer Vielzahl äußerer Formen, Objekte und Eindrücke in Kontakt zu treten. Schirmen Sie sich gegenüber Form, Klang, Geruch, Geschmack, Berührung und mentalen Ereignissen – den Korrelaten der sechs Sinne – ab. Sobald dies geschehen ist, wird der Geist gänzlich damit aufhören, fortwährend über Vergangenes nachzudenken, der Strom der Erinnerung wird unterbrochen. In ähnlicher Weise müssen Zukunftspläne beziehungsweise das Nachdenken darüber verhindert werden. Es ist notwendig, anstelle solcher Gedanken ein Vakuum zu erzeugen. Durch die Befreiung von all diesen Prozessen tritt ein makelloser, klarer und ruhiger Geist in Erscheinung.

SECHSTES KAPITEL

Einführung in die Meditation

Die Essenz der buddhistischen Lehren ist kurz gesagt die Auffassung, dass alle Erscheinungen wechselseitig voneinander abhängig sind, verbunden mit einem von Gewaltfreiheit geprägten Verhalten. Diese Auffassung möchte ich im Folgenden noch einmal erläutern. Es gibt kein Phänomen, das unabhängig existiert beziehungsweise aus sich selbst heraus existieren könnte. Alle Erscheinungen hängen von Faktoren ab. Dinge existieren in wechselseitiger Abhängigkeit. Beispielsweise ist der Frieden einer Nation von der Haltung der Nachbarstaaten und der weltweiten Sicherheitslage abhängig. Das Glück einer Familie hängt von ihrer Nachbarschaft und der Gesellschaft als Ganzer ab. Buddhisten gehen von der Theorie der Entstehung in Abhängigkeit aus und glauben nicht an einen allmächtigen Schöpfer oder eine ursachenlose Entwicklung.

Wenn Menschen grundlegende ethische Prinzipien außer Acht lassen und aus einer von Selbstsucht geprägten Einstellung heraus handeln, hat dies unangenehme Konsequenzen. Falls Sie der Meinung sind, Ihre Nachbarn hätten nichts mit Ihrem Glück zu tun, dann werden Sie sie schlecht behandeln. Sie werden einige schikanieren, andere einschüchtern oder verfluchen. Kann man in einer solchen Nachbarschaft eine friedliche und harmonische Atmosphäre erwarten? Die Antwort lautet natürlich Nein. Wenn Sie in Ihrem Innern schlechte Gedanken und Gefühle wie Feindseligkeit und Hass nähren, kann es keine Freude in Ihrem Herzen geben, und Sie sind für andere ein Ärgernis. Pflegen Sie hingegen Freundlichkeit, Geduld und Verstehen, dann verändert sich die gesamte Atmosphäre. Eine wichtige Schrift unserer Tradition, das Siebenstufige Geistestraining, sagt: Übe dich zuerst in den Vorbereitungen.

Man unterscheidet vier vorbereitende Formen der Praxis: das Nachdenken über die Einmaligkeit, als freies und glückliches menschliches Wesen geboren zu sein, und die Möglichkeiten, die sich daraus ergeben; das Reflektieren über Tod und Unbeständigkeit; das Nachdenken über Handlungen und deren Wirkungen und das Reflektieren über die Fehlerhaftigkeit des Daseinskreislaufs. Zum Beispiel ist es möglich, das Verlangen nach vorübergehenden Vergnügungen hinter sich zu lassen, indem man über die Kostbarkeit und die Möglichkeiten, die das Leben als freies und glückliches menschliches Wesen bietet, reflektiert. Betrachtungen über den Tod und die Unbeständigkeit helfen uns, das Streben nach günstigen Wiedergeburten in zukünftigen Leben zu besiegen.

Es gibt unterschiedliche Handlungen, die während der eigentlichen Meditationsphase und in den Phasen im Anschluss an die Meditation ausgeführt werden müssen. Normalerweise versuchen wir, uns während der Meditation so stark wie möglich zu konzentrieren. Lassen wir den Geist nach der Meditation aber unbeaufsichtigt, sodass er abgelenkt und nicht mehr ausgerichtet ist, dann könnte das unsere gesamten Fortschritte gefährden. Aus diesem Grund werden im Anschluss an die Meditation Übungen empfohlen.

Meditation bedeutet, eine fortdauernde Beziehung zu einem heilsamen Objekt herzustellen, mit dem Ziel, den Geist zu transformieren. Gewisse Punkte oder Inhalte einfach nur zu verstehen, transformiert den Geist noch nicht. Vielleicht haben Sie auf einer intellektuellen Ebene die Vorteile eines selbstlosen, erwachten Geistes verstanden, aber dies hat kaum wesentliche Auswirkungen auf Ihre selbstzentrierte Haltung. Die grundlegende Fixierung auf sich selbst kann nur aufgelöst werden, indem man sich fortwährend mit diesem Verstehen vertraut macht. Das ist, was mit Meditation gemeint ist.

Man kann zwei Arten von Meditation unterscheiden: Die *Analytische Meditation* beinhaltet Untersuchung und Reflektion, während bei der *Punktförmigen Meditation* der Geist bei einer bereits gewonnenen Erkenntnis verweilt. Meditiert man über Liebe und Mitgefühl, versucht man eine solche Geisteshaltung zu kultivieren, indem man den Gedanken fasst: „Mögen alle Wesen frei sein von Leiden". Meditiert man in einem anderen Fall über Leerheit und Unbeständigkeit, wählt man Leerheit und Unbeständigkeit als Meditationsobjekte.

Die Praxis der Geistesschulung erfordert vorbereitende Übungen wie die Meditation über Tod und Unbeständigkeit, um in uns das Bedürfnis wachzurufen, sich mit den Hauptübungen zu beschäftigen. Im Fall der vorbereitenden Meditationsübungen sollte man zunächst das Thema analysieren. Sobald Sie zu einer bestimmten Schlussfolgerung gelangt sind, sollten Sie diese im Geist bewahren und sich eine Zeit lang darauf konzentrieren. Sobald Sie merken, dass Ihre Konzentration nachlässt, kehren Sie zur Analyse zurück. Auf diese Weise können Sie wieder und wieder zwischen Analyse und Konzentration wechseln, bis Sie merken, dass dies auf Ihren Geist wirkt. Dann können Sie dazu übergehen, andere Überlegungen anzustellen, wie sie in alten Texten wie *Anleitung zum Leben als Bodhisattva* oder *Die Juwelenkette* und so weiter beschrieben werden.

Dieser Vorgang ist mit dem Ausprobieren verschiedener Medikamente vergleichbar: Sie werden feststellen, dass einige Medikamente in bestimmten Fällen besser wirken als andere. Wenn Sie eigensinnig an einer bestimmten Form der Meditation festhalten, wird dies nicht sehr hilfreich sein. Sie müssen eine Menge Energie investieren. Aus diesem Grund ist das Studium notwendig. Meditation ohne vorangegangenes Studium ist wie der Versuch, ohne Hände eine Felswand hochzuklettern.

Sitzhaltung und Atmung

Bevor ich die korrekte Sitzhaltung und Atemtechniken während der Meditation erläutere, möchte ich etwas zur richtigen Umgebung sagen. Für den Anfänger ist das Umfeld, in dem die Meditation stattfindet, sehr wichtig. Mit wachsender Erfahrung spielen äußere Bedingungen immer weniger eine Rolle. Trotzdem sollte der Platz für die Meditation im Allgemeinen ruhig sein. Wenn wir in einer Meditation die *Punktförmigkeit* des Geistes erreichen wollen, sollten wir einen wirklich abgelegenen Platz frei von jeglichem Lärm wählen.

Ebenso wichtig ist es, den Ort, an dem Sie meditieren wollen, zu reinigen. Dabei spielen nicht alltägliche, sondern psychologische Gründe eine Rolle. Es geht darum, größere geistige Klarheit zu gewinnen. Potowa, einer der wichtigsten Schüler Atishas, sagte: „Wenn ein Meditierender eine fortgeschrittene Stufe erreicht hat, kann jede Handlung, die er ausführt, zu einer Anregung für die Praxis werden." Denken Sie also beim Aufräumen des Meditationsplatzes daran, dass es der Geist ist, der gereinigt werden muss.

Um bei der Meditation die richtige Körperhaltung aufrechtzuerhalten, sollte der Meditationssitz im Rückenbereich etwas erhöht sein, weil dies hilft, Spannungen zu verringern. In der *Vajra-Haltung* zu sitzen (mit gekreuzten Beinen) ist sehr schwierig, aber wenn sie keine Schmerzen verursacht, ist sie die richtige Sitzhaltung. Sie können auch in der halben *Vajra-Haltung* oder in der bequemen *Arya-Tara-Haltung* sitzen (das rechte Bein ausgestreckt, das linke zur Meditationshaltung angezogen).

Bei der richtigen *Mudra* (Handhaltung) ruht der Handrücken der rechten Hand auf der Handinnenfläche der linken Hand, wobei die Daumen etwas aufrecht stehen, einander berühren und dabei ein Dreieck formen. Das Dreieck hat tantrische Bedeutung. Es symbolisiert den Bereich der Wahrheit, den Ursprung der Realität und gleichzeitig das Energiezentrum im Nabelbereich.

Die Arme sollten den Körper nicht berühren. Der Kopf ist leicht nach vorne geneigt, die Zungenspitze berührt den Gaumen, wodurch Durst und Speichelfluss verhindert werden, wenn in der Meditation ein Zustand tiefer, punktförmiger Konzentration eintritt. Die Lippen und Zähne sollten leicht geöffnet sein, die Augen schauen in Richtung Nasenspitze. Zur Frage, ob die Augen geöffnet oder geschlossen sein sollten, lässt sich Folgendes sagen: Als Anfänger erreicht man klarere Visualisierungen, wenn die Augen geschlossen sind, aber auf lange Sicht ist dies nicht vorteilhaft. Daher sollten die Augen offen bleiben. Visualisierung geschieht auf der mentalen Ebene und nicht auf der Ebene der Sinneswahrnehmung. Wenn Sie sich darin üben, mit offenen Augen zu meditieren, werden Sie das geistige Bild, auf das Sie sich in Ihrer Meditation ausgerichtet haben, nicht verlieren. Wenn Sie sich hingegen daran gewöhnen, mit geschlossenen Augen zu meditieren, werden Sie das geistige Bild verlieren, sobald Sie die Augen öffnen.

Während der Meditation sollten Sie ganz natürlich atmen. Atmen Sie nicht zu heftig oder zu sanft. Wenn Sie sich in einer aufgeregten Geistesverfassung befinden, zum Beispiel ärgerlich sind oder die Beherrschung verloren haben, dann ist es gut, sich zu beruhigen, indem Sie sich auf den Atem konzentrieren. Zählen Sie einfach die Atemzüge und vergessen Sie dabei Ihren Ärger. Konzentrieren Sie sich auf die Atmung und zählen Sie „Ein/Aus – eins“, „Ein/Aus – zwei“, „Ein/Aus – drei“ und so weiter bis zwanzig. Sobald der Geist vollständig auf die Atmung konzentriert ist, darauf wie sie kommt und geht, lässt die Aufregung nach. Danach ist es leichter, klare Gedanken zu fassen.

Da alle Formen von Aktivität, Meditation eingeschlossen, sehr stark von der Kraft der Absicht oder Motivation abhängen, ist es wichtig, sich vor der Meditation über die richtige Absicht klar zu werden. Jedoch darf Ihre Motivation nicht durch ein bloßes Streben nach Vervollkommnung und Glück im samsarischen Leben beeinflusst sein. Die richtige Motivation besteht in einer selbstlosen Haltung.

Ruhiges Verweilen

Eine Meditationspraxis zu entwickeln bedeutet, Fortschritte in der Übung Meditativer Stabilisierung zu erreichen. Das heißt, der Geist ist in der Lage, mit punktförmiger Konzentration bei dem gewählten Objekt zu verweilen. Es gibt viele verschiedene Formen Meditativer Stabilisierung. In diesem Zusammenhang möchte ich erläutern, wie man Geistige Ruhe beziehungsweise das Ruhige Verweilen (*shamata*) entwickelt. Ruhiges Verweilen ist das punktförmige Verweilen beim jeweiligen Meditationsobjekt, ohne abgelenkt zu sein, verbunden mit einer beglückenden physischen und mentalen Beweglichkeit. Ist dieser Zustand darüber hinaus mit der Zufluchtnahme verbunden, handelt es sich um eine buddhistische Praxis. Kommt das Streben nach höchster Erleuchtung hinzu, mit dem Ziel, alle fühlenden Wesen zu befreien, handelt es sich um eine Praxis des Mahayana.

Der Vorteil dieser Praxis ist, dass Körper und Geist desjenigen, der Ruhiges Verweilen erreicht hat, von Freude und Glück durchströmt werden: Man wird fähig, den Geist – dank der gewonnenen geistigen und körperlichen Beweglichkeit – auf jedes heilsame Objekt auszurichten und auf diese Weise zahlreiche besondere Fähigkeiten wie Hellsehen und Ausstrahlung zu erreichen. Das Hauptziel und der größte Vorzug der Verwirklichung von Ruhigem Verweilen oder Geistiger Ruhe besteht darin, dass durch sie Besondere Einsicht (*vipasyana*) erreicht wird. Es wird also Leerheit verwirklicht, und man erlangt Befreiung aus dem Daseinskreislauf.

Um Ruhiges Verweilen zu erreichen, sollten die folgenden Bedingungen beachtet werden. Der Meditationsplatz sollte frei von Lärm sein, denn Lärm ist ein Hindernis für Konzentration. Die Umgebung sollte angenehm und das Wasser rein sein. Der Meditierende selbst sollte wenige Wünsche haben. Er sollte wissen, wie man Zufriedenheit erlangt, wie man sich vom Lärm und der Geschäftigkeit der Welt zurückzieht, und er sollte sich körperlicher und verbaler Handlungen enthalten, die nicht tugendhaft sind. Durch Zuhören und Überdenken sollte er falsche Vorstellungen über Meditationsobjekte überwunden haben; er sollte wissen, wie man über fehlerhaftes Begehren und über die Bedeutung von Unbeständigkeit und so weiter reflektiert.

Über die eigentliche Praxis des Ruhigen Verweilens sagte Maitreya Bodhisattva, der zukünftige Buddha, in seiner Schrift *Unterscheidung des Mittleren Weges und der Extreme* (*Madhyantavibhanga*): „Die Ursache, aus der Ruhiges Verweilen entsteht, ist die Anwendung der Acht Gegenmittel, durch welche die Fünf Fehler beseitigt werden."

Die Fünf Fehler, die aufgegeben werden müssen, lauten:

- Trägheit: der mangelnde Wunsch, Meditatives Gleichgewicht zu entwickeln
- Vergesslichkeit: den Gegenstand der Meditation aus den Augen verlieren
- Lethargie und Aufgeregtheit: Störung des Meditativen Gleichgewichts
- Mangelnde Anwendung der Gegenmittel: Dieser Fehler tritt auf, wenn Lethargie oder Aufregung entstehen.
- Grundloses Anwenden der Gegenmittel: Anwenden der Gegenmittel, obwohl Lethargie und Aufgeregtheit nicht mehr vorhanden sind

Die Acht Gegenmittel haben die Funktion, diese Fehler zu beseitigen.

Die Gegenmittel für Trägheit sind:
- VERTRAUEN: die Vorzüge des Meditativen Gleichgewichts erkennen
- ZIELSTREBIGKEIT: der Entschluss, diese Vorzüge zu erreichen
- TATKRAFT: sich an der Verwirklichung Meditativen Gleichgewichts erfreuen
- KÖRPERLICHE UND GEISTIGE BEWEGLICHKEIT: Dies ist das Ergebnis (von Tatkraft).

Das Gegenmittel für Vergesslichkeit ist:
- ACHTSAMKEIT: die fortdauernde Konzentration auf ein Objekt

Das Gegenmittel für Lethargie und Aufgeregtheit lautet:
- BEWUSSTHEIT: das Wissen, dass Lethargie und Aufgeregtheit entstanden sind oder im Begriff sind zu entstehen

Das Gegenmittel für Mangelnde Anwendung ist:
- ANWENDUNG: die Verwendung der Mittel gegen Lethargie und Aufgeregtheit

Gegen die grundlose beziehungsweise übertriebene Anwendung der Gegenmittel gibt es folgendes Mittel:
- KEINEN GEBRAUCH VON DEN GEGENMITTELN MACHEN: sich weniger anstrengen und Gleichmut entwickeln

Indem man die Acht Gegenmittel anwendet, können die Fünf Fehler nach und nach beseitigt werden, und man durchläuft die folgenden Neun Stufen der Konzentration:

- Ausrichtung des Geistes: den Geist sammeln und auf ein inneres Objekt ausrichten (zum Beispiel die Visualisierung des Buddha)
- Fortwährende Ausrichtung: längere Konzentration auf ein Objekt als auf der vorangegangenen Stufe
- Neu-Ausrichtung: Ablenkungen unmittelbar wahrnehmen und mit der Aufmerksamkeit wieder zum Objekt zurückkehren
- Zunehmende Ausrichtung: größer werdende und stetigere Ausrichtung des Geistes auf die Feinheiten und Details des Meditationsobjektes als auf der vorangegangenen Stufe. In dieser stand es im Vordergrund, sich auf die verschiedenen Teile zu konzentrieren.
- Bändigung: sich der Vorzüge der Meditativen Gleichgewichtsfindung bewusst werden und sich daran erfreuen
- Befriedung: die Abneigung gegen die Meditative Gleichgewichtsfindung ablegen
- Gründliche Befriedung: das fortwährende Bemühen, auch subtile Lethargie oder Aufgeregtheit unmittelbar nach ihrem Entstehen zu beseitigen
- Ausbildung von Punktförmigkeit: der Aufbau eines ununterbrochenen Meditativen Gleichgewichts,

das heißt, es abträglichen Faktoren unmöglich machen, diesen Prozess zu unterbrechen
- Versetzen in Gleichgewicht: spontane und mühelose Ausrichtung auf das Meditationsobjekt, ohne dabei auf Achtsamkeit oder Selbstbeobachtung angewiesen zu sein

Die soeben erläuterten Neun Stufen der Konzentration werden mithilfe der Sechs Kräfte verwirklicht. Die erste Stufe ist das Ergebnis der Kraft des Hörens, die zweite verdankt sich der Kraft des Denkens. Die dritte und vierte werden durch die Kraft der Achtsamkeit erreicht, die fünfte und sechste Stufe durch die Kraft der Vertrautheit.

Während der Neun Stufen der Konzentration lassen sich vier Formen geistiger Aktivitäten unterscheiden (die Art und Weise, in der sich der Geist mit seinem Objekt verbindet):
- Tatkräftige Verbindung: Während der ersten und zweiten Stufe verbindet sich der Geist auf energische Weise mit seinem Meditationsobjekt.
- Unterbrochene Verbindung: Von der dritten bis zur siebten Stufe ist die Konzentration in Zeitabständen unterbrochen.
- Ununterbrochene Verbindung: Während der achten Stufe ist der Geist fähig, sich ohne Unterbrechung auf sein Objekt zu konzentrieren.
- Mühelose Verbindung: Während der neunten Stufe bleibt die Verbindung zwischen Geist und seinem Objekt von selbst erhalten.

Wenn jemand das Wesen, die Reihenfolge und Unterschiede der oben erläuterten Stufen und Ebenen genau erkannt hat und Ruhiges Verweilen entwickelt, ist er in der Lage, im Laufe eines Jahres fehlerloses Meditatives Gleichgewicht zu erreichen.

Bisher ging es darum, wie man Ruhiges Verweilen in Bezug auf Objekte im Allgemeinen verwirklicht. Indem man Ruhiges Verweilen ausbildet, in dem der Geist selbst zum Meditationsobjekt wird, entstehen weitere Vorteile. Man lernt, den eigenen Geist tiefgehender zu verstehen. Der Geist ist leer wie der Raum; er besitzt keinerlei physische Qualitäten wie Gestalt oder Form. Welche Aspekte ein Objekt auch hat, der Geist ist fähig, durch bloßes Wahrnehmen alles, was sich ihm darbietet, mit lebhafter Klarheit zu erfassen. Sobald man diese Eigenschaft des Geistes erkennt, bemüht man sich stetig, die oben erläuterten Fünf Fehler zu vermeiden und die Acht Gegenmittel und alles Weitere anzuwenden. Auf diese Weise entwickelt man Ruhiges Verweilen.

Mir ist bewusst, dass ich mit dieser bloßen Aufzählung von Elementen, die bei der Entwicklung von Ruhigem Verweilen wichtig sind, die frühen buddhistischen Lehren außerordentlich verkürzt darstelle. Das Kriterium, inwiefern Ruhiges Verweilen verwirklicht worden ist, ist körperliche und geistige Beweglichkeit. Durch sie verwirklicht man wiederum geschmeidige Unerschütterlichkeit, in welcher der Geist punktförmig bei seinem Gegenstand verweilt. Ab diesem Zeitpunkt erreicht man im eigentlichen Sinne Ruhiges Verweilen, welches die vorbereitende Stufe für die erste Ebene der Konzentration mit einschließt. Diese Konzentration gehört in Bezug auf die Drei Bereiche zum ersten Bereich, dem Bereich der Form (die Drei Bereiche sind: Begierde-Bereich, Bereich der Form, Bereich der Formlosigkeit, Anm. des Übers.). Nach der Verwirklichung von Ruhigem Verweilen ist der Geist stabil und widerstandsfähig. Es spielt keine Rolle, auf welche Art von heilsamem Objekt oder welche Erkenntnis er sich konzentriert, der Geist bleibt punktförmig ausgerichtet. Durch diese Kraft erreicht der Geist die bedeutsame Fähigkeit, tiefgehende Erkenntnis zu verwirklichen.

Siebtes Kapitel

Das Erwachen des Geistes

Der Erwachte Geist strebt nach Buddhaschaft und hat das Ziel, alle Wesen im Universum von Leiden zu befreien. Um den Erwachten Geist zu entwickeln, müssen wir meditieren. Er lässt sich nicht durch bloßes Wunschdenken oder Gebete erreichen, und er lässt sich weder durch bloßes intellektuelles Verstehen noch mithilfe eines Segens oder durch Gnade verwirklichen. Wir müssen ihn durch Meditation, beständige Wiederholung und Gewöhnung kultivieren. Um die Meditation auf den Erwachten Geist beibehalten zu können, müssen wir zuerst die Vorzüge seiner Entwicklung wertschätzen. Wir sollten die intensive Sehnsucht ausbilden, ihn entwickeln zu wollen, und dies als unsere wichtigste Aufgabe ansehen.

Daher ist es ersichtlich lohnend, Herzensgüte zu entwickeln. Die Frage ist jedoch, wie man an diese Aufgabe herangeht. Bei der Schulung des Geistes sind Herzensgüte und das Erwachen des Geistes eng miteinander verbunden; der Erwachte Geist stellt die unübertreffliche, höchste und endgültige Form von Herzensgüte dar. Der Erwachte Geist ist grenzenlos gütig und von Weisheit erfüllt. Die Schriften erklären, dass der Erwachte Geist ein Geist ist, der nach zwei Dingen strebt, nämlich erstens, anderen Wesen zu dienen, und zweitens, dies zu erreichen, indem er versucht, Buddhaschaft zu verwirklichen.

Was ist nun damit gemeint, wenn von einem „von Weisheit erfüllten Geist“ die Rede ist? Betrachten wir den Fall, dass der Geist Zuflucht zu Buddha genommen hat. Ein derartiger Geisteszustand schließt das Akzeptieren mit ein, dass der Buddha das letztgültige Objekt der Zufluchtnahme darstellt, ein Objekt, das vollkommen makellos und im Besitz aller nur denkbaren Vorzüge ist. Er könnte einfach anerkennen, dass der Buddha ein vortreffliches und heiliges Wesen ist. Es könnte sich um eine Sache von Glauben oder Nichtglauben handeln. Aber es gibt noch eine weitere Form der Zufluchtnahme, die darauf beruht, die Natur eines solchen Buddha und die Möglichkeit seiner Existenz zu analysieren und zu prüfen. Am Ende einer derartigen Überprüfung können wir zu der Erkenntnis gelangen, dass ein solcher Buddha möglich ist. Wir haben die Natur des Buddha erkannt, nämlich dass sie oder er im Besitz eines einzigartigen, von allen Blockierungen befreiten Geistes ist. Und auf der Grundlage, dass wir die Essenz eines solchen vortrefflichen Buddha verstehen, sind wir fähig, die Qualität unserer Zufluchtnahme zu verbessern. Denn sie beruht dann auf Überzeugung. Eine solche Art der Zufluchtnahme ist machtvoller und beständiger als bloßer Glaube.

Einen Erwachten Geist zu entwickeln, ist mit diesem Vorgang vergleichbar. Daher ist es möglich, ein Bodhisattva zu sein, ohne Leerheit bereits zu verstehen, aber dabei den aufrichtigen Wunsch zu haben, anderen fühlenden Wesen zu dienen und ihnen zu helfen. Auf der Grundlage dieses Wunsches lässt sich das Streben nach Buddhaschaft entwickeln, mit dem Ziel, allen fühlenden Wesen zu dienen. Wenn vom Erwachten Geist die Rede ist, versteht man darunter aber üblicherweise, dass untersucht wird, ob das Leiden einer unendlichen Menge fühlender Wesen beseitigt werden kann. Wenn ja, wird untersucht, welche Mittel zu wählen sind. Auf der Grundlage dieser Reflexion und Untersuchung prüfen wir die Bedeutung des Begriffs Erleuchtung, wie er in den folgenden Versen erläutert wird:

> Mitgefühl richtet sich auf fühlende Wesen.
> Und Weisheit richtet sich auf Erleuchtung.

Wenn wir den edlen Erwachten Geist entwickeln, weil wir zum Wohl aller fühlenden Wesen nach Erleuchtung streben, und wenn dies mit der Überzeugung geschieht, dass sich Erleuchtung tatsächlich erreichen lässt, dann wird er zu einem wundervollen und mutigen Geist.

Wenn wir uns darin üben, den Erwachten Geist zu entwickeln, dann sollten wir uns bemühen, die folgenden Absichten zu entfalten: die Absicht, Buddhaschaft zu erreichen, und den Wunsch, anderen Wesen von Nutzen zu sein. Den Ursprung der Motivation, anderen helfen zu wollen, die eigentliche Quelle für den Erwachten Geist, der sich mehr für andere interessiert als für sich selbst, bildet Mitgefühl. Sobald wir Mitgefühl entwickeln, schulen wir uns in einer Form des Bewusstseins, die ein starkes Interesse an den von Leiden betroffenen fühlenden Wesen hat. Es handelt sich um ein Bewusstsein, das leidende fühlende Wesen anziehend und liebenswert findet. Darüber hinaus sollten wir aber auch fähig sein, die Natur des Leidens zu erkennen, von dem diese fühlenden Wesen betroffen sind. Beide Formen der Schulung sollten gesondert geschehen.

Der Keim der Buddhaschaft

Der einzige Zugang zum Pfad des Großen Fahrzeugs (Mahayana Buddhismus) ist die Entwicklung des Erwachten Geistes. Innerhalb des Großen Fahrzeugs gibt es zwei weitere Fahrzeuge: das Sutra-Fahrzeug und das Tantra-Fahrzeug. Gleichgültig in welches von beiden man eintreten möchte, den einzigen Zugang bildet der Erwachte Geist. Wenn man im Besitz des Erwachten Geistes ist, wird man Teil des Großen Fahrzeugs, aber sobald man diesen Geist aufgibt oder verliert, gehört man nicht mehr dazu. In dem Augenblick, in dem Sie den Erwachten Geist verwirklicht haben – selbst wenn Sie noch im Leiden des Daseinskreislaufs gefangen sein sollten –, werden Sie von den Buddhas, die selbst erwacht sind, verehrt und respektiert.

So wie allein der Splitter eines Diamanten bereits ein außergewöhnlich kostbares Juwel darstellt, das jedes andere Schmuckstück an Wert übertrifft, so überstrahlt der diamantgleiche Erwachte Geist alle Vorzüge, die mit dem

Streben nach persönlicher Befreiung verbunden sind, selbst wenn er schwach ist. Nagarjuna, der buddhistische Philosoph, spricht in seiner Schrift *Die Juwelenkette* davon, dass eine Person, die danach strebt, den unübertrefflichen Zustand der höchsten Erleuchtung zu erreichen, zuerst durch das Tor des Erwachten Geistes gehen muss. Verwirklichen Sie daher einen Erwachten Geist, der so standfest ist wie der höchste Berg.

Allen, die den Erwachten Geist noch nicht entwickelt haben, ist das Tor zur geheimen Übung des Tantra verschlossen. Der Zugang zu den tantrischen Lehren ist auf jene beschränkt, die eingeweiht und ermächtigt sind. Wenn Sie den Erwachten Geist noch nicht verwirklicht haben, ist eine tantrische Einweihung unmöglich. Hier liegt eine klare Aussage vor: Der Eintritt zum Geheimen Fahrzeug ist an den Besitz des Erwachten Geistes gekoppelt.

Der Erwachte Geist ist wie ein Same für die Verwirklichung von Buddhaschaft. Er ist wie ein Feld, in dem alle positiven Eigenschaften heranreifen. Er ist wie der Boden, auf dem alles ruht. Er ist mit dem Gott des Reichtums vergleichbar, der alle Armut beseitigt. Er ist wie ein Vater, der allen Bodhisattvas Schutz gewährt. Er ist wie ein wunscherfüllendes Juwel. Er ist eine Wunderlampe, die alle Wünsche befriedigt. Er ist ein Speer, der die Armeen der störenden Emotionen bezwingt. Er ist eine Rüstung, die vor unrechten Gedanken schützt. Er ist ein Schwert, das störende Emotionen enthauptet. Er ist eine Waffe, die alle Angriffe abwehrt. Er ist ein Haken, der Sie aus den Fluten des Daseinskreislaufs rettet. Er ist ein

Wirbelsturm, der alle geistigen Hindernisse und deren Ursachen zerstreut. Er ist die Essenz der Lehren, die alle Gebete und Handlungen der Bodhisattvas umfasst. Er ist wie ein Schrein, vor dem jeder opfern kann.

Wir, die wir dieses kostbare Leben als freies und von den Umständen begünstigtes menschliches Wesen haben und den vollständigen Lehren des Buddha begegnet sind, sollten daher den Erwachten Geist hochschätzen. Die tibetische Tradition des Buddhismus ist so wertvoll, weil sie nützliche Techniken zur Verwirklichung des Erwachten Geistes entwickelt hat. Dass es eine solche Tradition gibt, deren zentrale Botschaft lautet, Liebe und Mitgefühl sowie Fürsorge für das Wohlergehen aller fühlenden Wesen zu kultivieren, ist ein äußerst seltener Glücksfall. Ich schätze mich selbst außerordentlich glücklich, dass ich in der Lage bin, solche Lehren in Zeiten wie diesen weiterzugeben. Genauso haben Sie das große Glück, dass Sie in der Lage sind, diese unschätzbare Geisteshaltung kennenzulernen.

Wir sollten den Erwachten Geist nicht nur als Gegenstand der Verehrung betrachten, dem wir Respekt zollen müssen. Er ist etwas, das wir in uns selbst entwickeln sollten. Wir haben die Fähigkeit und die Möglichkeiten dazu.

Vielleicht waren Sie in Ihrem bisherigen Leben ein furchtbar selbstsüchtiger Mensch, aber mit der richtigen Entschlossenheit sind sie fähig, sich zu wandeln. Sie können ein Mensch werden, der, wie in einem Gebet beschrieben wird, „sich niemals wünscht, für das eigene Wohl zu handeln, sondern stets für das Wohlergehen der anderen wirkt“.

Werkzeuge zur Entwicklung des Erwachten Geistes

Als menschliche Wesen besitzen wir Intelligenz und Mut. Vorausgesetzt wir nutzen diese Eigenschaften, werden wir in der Lage sein, unsere Ziele zu erreichen. Ich persönlich habe keine Erfahrung mit dem Erwachten Geist, aber als ich ungefähr 30 Jahre alt war, hatte ich es mir zur Gewohnheit gemacht, über die Vier Edlen Wahrheiten nachzudenken, und verglich die Möglichkeiten persönlicher Befreiung mit der Entwicklung des Erwachten Geistes. Früher dachte ich, dass ich Befreiung erreichen könnte. Aber wenn ich an den Erwachten Geist dachte, schien dieser sehr weit entfernt zu sein. Ich war zwar davon überzeugt, dass es sich um eine wunderbare Qualität handelt, aber auch, dass sich diese tatsächlich nur schwer verwirklichen ließe. Seitdem ist viel Zeit vergangen, und auch wenn ich bis jetzt den Erwachten Geist noch nicht entwickelt habe, fühle ich mich der Verwirklichung doch sehr nah. Ich bin zu der Auffassung gekommen, dass ich ihn entwickeln könnte, wenn ich nur hart genug arbeite. Vom Erwachten Geist zu hören und an ihn zu denken, macht mich glücklich und traurig zugleich. Wie jeder andere Mensch empfinde ich negative Gefühle wie Ärger, Eifersucht und Ehrgeiz, aber dank beständiger Gewöhnung fühle ich auch, dass ich dem Erwachten Geist näherkomme. Es ist eine einzigartige Fähigkeit des Geistes, aus der Beziehung zu jedem Gegenstand Stabilität gewinnen zu können. Im Gegensatz zur körperlichen Entwicklung, die natürlichen Grenzen unterliegt, sind der Entwicklung geistiger Qualitäten keinerlei Schranken gesetzt. Der Geist ist wie ein Feuer, das immer mächtiger wird, wenn Sie ihm kontinuierlich Nahrung geben. Es gibt nichts, das nicht durch Gewöhnung einfacher würde.

Der erste Schritt auf dem Weg zur Entwicklung dieses sogenannten Konventionellen Erwachten Geistes, der sich um die Belange der anderen sorgt, besteht darin, sich einerseits die Fehler bewusst zu machen, die dem Gefühl der Selbstbezogenheit entspringen, und andererseits die Vorzüge, die entstehen, wenn wir anderen Wertschätzung und Fürsorge entgegenbringen. Eine äußerst wichtige Übung, um diesen Erwachten Geist zu entwicklen, ist die Praxis des Sich-Austauschens, das heißt sich in andere vollständig hineinzuversetzen. In diesem Zusammenhang gibt es unterschiedliche Erklärungen, wie diese Praxis ausgeführt werden sollte. Allen Erklärungen ist jedoch etwas gemeinsam: Am Anfang ist es notwendig, fühlende Wesen mit Zuneigung zu betrachten. Wir sollten sie als angenehm empfinden, ihre Schönheit entdecken und ihnen gegenüber ein starkes Gefühl der Zuneigung entwickeln. Dies erfordert, Gelassenheit zu kultivieren, durch die unsere unbeständigen Gefühle anderen Wesen gegenüber reguliert werden.

Um dies zu erreichen, ist es äußerst hilfreich, sich drei Personen vorzustellen: eine Person, die ein Verwandter, ein Freund oder eine Freundin ist, eine, die wir als Feind betrachten, und eine, der wir neutrale Gefühle entgegenbringen. Machen Sie sich Ihre natürliche Reaktion auf die entsprechenden Personen bewusst. Normalerweise neigen wir dazu, uns Verwandten nah zu fühlen, unsere Feinde abzulehnen und gleichgültig gegenüber allen anderen zu sein. Wenn Sie an Ihren Freund oder Ihre Freundin denken, empfinden Sie Nähe, und augenblicklich stellt sich ein Gefühl der Fürsorge ein. Wenn Sie an einen Feind denken, fühlen Sie sich sofort angespannt und unwohl. Sie würden sich sogar freuen, wenn er oder sie in Schwierigkeiten geraten würde. Wenn Sie an eine Person denken, der Sie neutrale Gefühle entgegenbringen, werden Sie bemerken, dass es Sie nicht wirklich kümmert, ob es dieser Person schlecht geht oder ob sie glücklich ist. Sie empfinden Gleichgültigkeit. Falls Sie solche schwankenden Gefühle bemerken, sollten Sie sich fragen, ob sie berechtigt sind. Wenn Sie sich etwa vorstellen, dass Ihre Freundin Ihnen Schaden zufügt, werden Sie bemerken, dass sich Ihre Einstellung ihr gegenüber ändert.

Diejenigen, die wir heute als unsere Freunde ansehen, sind nicht immer unsere Freunde gewesen. Auch waren jene, die wir jetzt als Feinde betrachten, uns nicht immer feindlich gesinnt. Ein Mensch, der heute unser Freund oder ein Verwandter ist, kann in der Vergangenheit unser Feind gewesen sein. In ähnlicher Weise könnte jene Person, die wir jetzt als Feind betrachten, in einem früheren Leben unser Vater oder unsere Mutter gewesen sein. Daher ist es töricht, wenn wir nur jenen helfen, mit denen uns gegenwärtig Freundschaft verbindet, und alle ignorieren, von denen wir annehmen, sie seien unsere Feinde.

Es geht also darum, unsere Anhänglichkeit an Freunde und Verwandte zu verringern und gleichzeitig den Ärger und Hass gegenüber unseren Feinden zu reduzieren. Denken Sie über die Vorstellung nach, dass kein fühlendes Wesen existiert, das nicht schon Ihre Freundschaft genossen hat. Auf diesem Weg lassen sich Gleichmut und Gelassenheit entwickeln.

Demzufolge lässt sich auch Reine Sittlichkeit – nicht zu töten, zu stehlen und sich sexuellen Missbrauchs zu enthalten – nur in Bezug auf andere Wesen praktizieren. Keine der Zehn Tugendhaften Handlungen kann ohne die Beziehung zu anderen Lebewesen ausgeführt werden. In gleicher Weise kann auch die Praxis von Großzügigkeit, Sittlichkeit und Geduld nur in Verbindung mit anderen kultiviert werden. Nur in der Beziehung zu ihnen können wir Liebe, Mitgefühl und einen Erwachten Geist entwickeln. Beispielsweise ist Mitgefühl ein geistiger Zustand, der entsteht, wenn wir unsere Aufmerksamkeit auf das Leiden anderer Lebewesen richten und den starken Wunsch hegen, sie frei von Leiden zu sehen. Darum wären wir wiederum unfähig, Mitgefühl zu entwickeln, wenn es keine anderen Lebewesen gäbe, auf die wir unser Mitgefühl richten könnten.

Der Geist lässt sich nicht durch Gewalt, mit Messern und Waffen, bezwingen. Es hat den Anschein, dass er schwach, ohne Form oder Farbe ist, in Wirklichkeit ist er aber zäh und widerstandsfähig. Das einzige Mittel, mit dem er verändert werden kann, ist der Geist selbst. Denn allein der Geist ist fähig, zu unterscheiden, was getan und was aufgegeben werden muss. Auf diese Weise kann das Dunkel der Unwissenheit erhellt werden. Sobald der Geist den gegenwärtigen und dauerhaften Nutzen erkennt, der aus tugendhaftem Handeln erwächst, und sich gleichzeitig der negativen Folgen schlechter Taten bewusst wird, wird er fähig, entsprechend zu handeln.

Liebe und Mitgefühl in sich zu wecken, steht am Anfang, in der Mitte und am Ende. Auch wenn Sie Buddhaschaft erlangt haben, sind sie von größter Bedeutung. Und erst wenn Sie den vollkommen erwachten Zustand eines Buddha erreicht haben, werden Sie in der Lage sein, den fühlenden Wesen wirklich zu helfen und zu dienen. Übungen wie die *Vier Wege, Schüler zu sammeln* (geben, angemessen sprechen, lehren und sich den Lehren gemäß verhalten) und die *Sechs Vollkommenheiten* (Großzügigkeit, Sittlichkeit, Geduld, Tatkraft, Sammlung und Weisheit) lassen sich tatsächlich nur in Bezug zu fühlenden Wesen verwirklichen. Die gesamten ertragreichen Übungen des Großen Fahrzeugs entspringen allein der Fürsorge für diese anderen Wesen. Daher sollten Sie immer, wenn Ihr Blick auf ein fühlendes Wesen fällt, denken: „Dieses Wesen macht es mir möglich, dass ich vollkommenes Erwachen verwirklichen werde", und es deshalb mit Liebe und Mitgefühl betrachten.

So wie man nur dann eine gute Ernte einfahren kann, wenn man gesunde Samen in fruchtbare Erde sät, so fährt man die kostbare Ernte der Buddhaschaft ein, wenn man den fühlenden Wesen mit Wertschätzung und Fürsorge begegnet. Indem Sie sich um ihr Wohlergehen sorgen, werden Sie sowohl fähig, eine gute Wiedergeburt zu erreichen, als auch, das vollständige Erwachen eines Buddha zu verwirklichen. Die verschiedenen Formen des Leidens, das Tiere, Hungergeister und Höllenbewohner erdulden müssen, ist die Folge davon, dass sie anderen fühlenden Wesen Schaden zugefügt haben. Das Wohlergehen anderer Wesen zu vernachlässigen, bewirkt, dass wir dem Leiden von Fressen und Gefressenwerden, von Hunger, Durst und überwältigendem, nicht nachlassendem Schmerz ausgesetzt sein werden.

Geben und Nehmen ist eine Praxis, in der wir uns mit großem Mut und Entschlossenheit üben sollten. Der große buddhistische Lehrer Sharawa (1070–1141) sagte, wenn wir wirklich danach streben, unseren Geist mit diesen Anweisungen vertraut zu machen, sollte unsere Praxis nicht wie ein Stein sein, der einen steilen Abhang hinunterrollt, oder wie lauwarmes Wasser in einem unbewegten Tümpel. Sie sollte rot wie Blut sein und weiß wie Quark. Anders gesagt, unseren Geist zu schulen bedeutet, nicht halbherzig, zögerlich oder ängstlich, sondern voller Hingabe und entschlossen zu sein. Wenn Sie Erfolg haben möchten, können Sie sich nicht an einem Tag mit der Schulung des Geistes beschäftigen und am nächsten Tag etwas anderes tun.

Vielleicht fragen Sie sich, warum man überhaupt noch den vollkommen erwachten Zustand eines Buddha anstreben soll, wenn man bereits in Liebe und Mitgefühl geschult ist. Die großen Wesen, die nach persönlicher Befreiung suchen, und die Bodhisattvas der zehnten Stufe spiritueller Entwicklung sind in großem Maße befähigt, anderen Wesen beizustehen. Allein indem sie die vollständige Erleuchtung erlangt haben, können sie zahllosen Wesen helfen, ihre Leiden zu überwinden. Aus diesem Grund ist es notwendig, mit aller Kraft danach zu streben, den vollkommen erwachten Zustand eines Buddha zu verwirklichen, der uns befähigt, sowohl uns selbst als auch anderen zu helfen und von Nutzen zu sein.

Heutzutage bezweifeln viele Menschen, dass es tatsächlich möglich sei, Buddhaschaft zu erreichen. Wenn wir über Buddhaschaft sprechen, denken wir möglicherweise nur an Buddha Shakyamuni, der vor über 2500 Jahren geboren wurde. Deshalb ist es wichtig zu erfassen, was unter Erleuchtung eigentlich verstanden wird. Als Erstes müssen wir begreifen, dass es möglich ist, Fehler zu beseitigen, die unseren Geist verunreinigen. Dadurch wird Erleuchtung möglich. Sobald wir dies verstanden haben, fühlen wir uns in unserem Wunsch bestärkt, den Erwachten Geist zu verwirklichen. Darum wurde oben gesagt, dass Weisheit auf Erleuchtung zielt und Mitgefühl sich auf fühlende Wesen richtet. Sobald wir erkannt haben, dass unser Geist Erleuchtung erlangen kann, werden wir alles dafür tun, um dieses Ziel zu erreichen.

Die Sieben Punkte der Geistesschulung

Bei den „Sieben Punkten der Geistesschulung“ handelt es sich um eine Schrift, die von dem buddhistischen Lehrer Geshe Chekawa (1101–1175) verfasst wurde. Sie ist das Ergebnis seiner langen Erfahrung mit den Lehren der Praxis der Geistesschulung:

Ehre sei dem Großen Mitgefühl.
Die Essenz dieses Nektars der geheimen Unterweisung wurde vom Meister aus Sumatra übermittelt.
Erkenne die Bedeutsamkeit dieser Unterweisung.
Sie gleicht einem Diamanten, der Sonne und einem heilkräftigen Baum.
Diese Zeit des Fünffachen Verfalls wird dann in den Pfad verwandelt,
der zum vollkommenen Erwachen führt.

1. Erläuterung der Vorstufen als eine Grundlage der Praxis
   Schule dich zuerst in den Vorstufen.

2. (a) Die wirkliche Praxis: Schulung des Konventionellen Erwachten Geistes
   Verbanne jenen, der alle Schuld von sich weist.
   Meditiere über die große Güte aller fühlenden Wesen.
   Praktiziere die Verbindung aus Geben und Nehmen.
   Geben und Nehmen sollen abwechselnd praktiziert werden,

Und du sollst damit beginnen, von dir selbst zu nehmen.
Diese beiden sollen dazu dienen, auf dem Atem zu reiten.
Bezüglich der Drei Objekte, der Drei Gifte und der Drei Tugenden
Folge den Anweisungen,
Indem du dir bei allem, was du tust, diese Worte zu Herzen nimmst.

(b) Schulung des Höchsten Erwachten Geistes
Wenn Gleichgewicht erreicht worden ist, tue die geheimen Lehren kund:
Sieh alle Erscheinungen als Traumgebilde an,
Untersuche das Wesen der anfangslosen Bewusstheit.
Das Heilmittel selbst zeigt sich an seinem eigenen Ort,
Gründe die Essenz des Pfades auf das Wesen von allem Seienden.
Sei in den Zeiten zwischen der Meditation wie ein Zauberer, ein Schöpfer von Illusionen.

3. Verwandle widrige Umstände in den Pfad zur Erleuchtung
Wenn die Umgebung und ihre Bewohner erfüllt sind von Krankheit,
Verwandle widrige Umstände in den Pfad zur Erleuchtung.
Reflektiere unverzüglich und bei jeder Gelegenheit.
Die höchste Methode wird von den Vier Übungen begleitet.

4. Die ganze Praxis in einem Leben
Übe dich in den Fünf Kräften.
Die Fünf Kräfte selbst bilden das Prinzip des Großen Fahrzeugs
Zur Übertragung des Bewusstseins.
Kultiviere diese Pfade der Praxis.

5. Das Mass für die erreichte Schulung des Geistes
Fasse alle Lehren in einen Gedanken.
Den Zwei Zeugen sollte grundlegende Bedeutung gegeben werden.
Entwickle beständig einen freudvollen Geist.
Der Maßstab für einen geschulten Geist ist, dass er heimgekehrt ist.
Es gibt fünf große Zeichen für einen geschulten Geist.
Der geschulte Geist behält die Kontrolle, auch wenn er abgelenkt ist.

6. Die Verpflichtungen der Geistesschulung
Übe dich beständig in den Drei Allgemeinen Punkten.
Setze mit Eifer kraftvolle Mittel ein, um Vorzüge zu entwickeln und störende Emotionen fallen zu lassen.
Besiege alle Ursachen (für Selbstsucht).
Übe dich konsequent, um mit schwierigen Situationen fertig zu werden.
Verlasse dich nicht auf andere Umstände.
Verwandle deine Einstellung, aber verhalte dich natürlich.
Sprich nicht über die Fehler anderer.

Mische dich nicht in die Angelegenheiten anderer ein.
Gib jede Hoffnung auf Belohnung auf.
Vermeide giftiges Essen.
Halte keine Treue aufrecht, wenn sie fehl am Platz ist.
Treibe keine üblen Scherze.
Liege nicht im Hinterhalt.
Übe keine Vernichtung.
Bürde einem Pony nicht die Last eines Pferdes auf.
Haste nicht, um ein Rennen zu gewinnen.
Verwandle Götter nicht in Teufel.
Strebe nicht auf Kosten anderer nach Glück.

7. Die Richtlinien der Geistesschulung
Jedes Yoga sollte wie eines ausgeübt werden.
Es gibt zwei Handlungen, die am Anfang und am Ende ausgeführt werden müssen.
Schule dich zuerst in den leichteren Übungen.
Welche von beiden auch geschieht, sei geduldig mit beiden.
Schütze beide mit deinem Leben.
Schule dich in den Drei Schwierigkeiten.
Verwandle alles in den Pfad des Großen Fahrzeugs.
Schätze eine umfassende und weitreichende Praxis.
Suche nach den Drei Höchsten Bedingungen.
Reinige die gröbere zuerst.
Praktiziere dass Wirksamere.
Lasse die Drei Faktoren nicht schwächer werden.
Trenne dich niemals von den Drei Besitztümern.

Wirst du rückfällig, meditiere über das Gegenmittel.
Schule dich jetzt in den Höchsten Übungen.
Lege zukünftig stets eine Rüstung an.
Wende kein falsches Verstehen an.
Sei nicht zerstreut.
Praktiziere unerschrocken.
Befreie dich durch Untersuchung und Analyse.
Prahle nicht.
Sei nicht aufbrausend.
Unternimm keinen flüchtigen Versuch.
Erwarte keine Dankbarkeit.

Was es heisst, zu praktizieren

Mit dem Ausdruck „eine Religion ausüben" ist nicht eine bloß körperliche Veränderung oder das Leben im Kloster oder das Rezitieren gemeint. Religiöse Übungen müssen zum eigenen Denken in Beziehung stehen. Wenn man verstanden hat, wie man die Lehren in das eigene Denken integriert, dann lassen sich alle körperlichen und verbalen Handlungen in Übereinstimmung mit der Praxis ausführen. Weiß man dagegen nicht, wie man sie in das eigene Denken integriert, dann hilft es auch nicht, dass man meditiert, die Schriften rezitiert oder sein Leben im Tempel verbringt. Das Denken ist wichtig für die Praxis. Folglich ist es von größter Wichtigkeit, Zuflucht bei den Drei Juwelen (Buddha, seiner Lehre und der spirituellen Gemeinschaft) zu suchen, die Beziehung zwischen Handlungen und deren Folgen zu berücksichtigen und eine selbstlose Einstellung zu entwickeln.

Früher lebte in Tibet ein berühmter Lama mit dem Namen Drom. Eines Tages beobachtete Drom einen Mann, der einen Reliquienschrein umschritt. „Einen Schrein zu umrunden ist gut", sagte Drom. „Zu praktizieren ist noch besser."

Der Mann dachte: „Also müsste es gut sein, ein heiliges Buch zu lesen." Er tat es, und eines Tages sah Drom ihn lesen und sprach: „Ein heiliges Buch zu lesen ist gut, zu praktizieren ist aber besser."

Der Mann dachte: „Dies scheint also noch nicht auszureichen. Sicherlich praktiziere ich, wenn ich jetzt etwas meditiere."

Drom sah ihn während der Meditation und sagte: „Meditation ist gut, aber zu praktizieren ist besser."

Der Mann war erstaunt und fragte: „Wie praktiziert man denn?"

Drom antwortete: „Hänge nicht an diesem Leben. Lasse deinen Geist zur Praxis werden." Drom sagte dies, weil die Praxis in Beziehung zum Denken steht.

ACHTES KAPITEL

Acht Strophen zur Schulung des Geistes

Bei den *Acht Strophen zur Schulung des Geistes* handelt es sich um eine kleine Schrift, die von dem buddhistischen Meister Geshe Langri Tangpa (1054–1123) verfasst wurde. Für ihn war die Geistesschulung mit dem Ziel der Erleuchtung das Wichtigste in seinem Leben, insbesondere die Meditation des Austauschens von sich selbst mit anderen. Diese Strophen wurden mir bereits beigebracht, als ich ein kleiner Junge in Lhasa war, und seitdem rezitiere ich sie jeden Tag als Teil meiner persönlichen Praxis.

Im Gedanken, dass alle Wesen kostbarer sind
als ein wunscherfüllendes Juwel, will ich lernen,
sie zutiefst zu lieben und das höchste Wohl für sie zu erlangen.

Wann immer ich Umgang mit anderen habe,
werde ich lernen, von mir als dem Geringsten von allen zu denken
und andere aus tiefstem Herzen respektvoll über mich selbst zu stellen.

Bei allem was ich tue, werde ich lernen, meinen Geist
zu erforschen,
und sobald ein störendes Gefühl erscheint,
das mich und andere in Gefahr bringt,
werde ich genau hinschauen und es abwenden.

Ich werde lernen, boshafte Wesen und jene,
die von schlimmen Untaten und Leiden betroffen sind,
liebevoll zu umsorgen und auf sie zu achten,
so wie auf einen kostbaren Schatz, den man nur selten
findet.

Wenn andere mich aus Eifersucht schlecht behandeln,
mit Beschimpfung, Verleumdung und dergleichen,
werde ich die Niederlage akzeptieren
und ihnen den Sieg anbieten.

Wenn jemand, dem ich mit großer Hoffnung Wohl-
taten erwiesen habe,
mich grundlos sehr verletzt,
so werde ich lernen,
diesen Menschen als ausgezeichneten geistigen Führer
zu betrachten.

Kurz gesagt, ich werde lernen, jedem ohne Ausnahme
all meine Hilfe und mein Glück direkt und indirekt
anzubieten,
und ehrfurchtsvoll jedes Missgeschick
und alles Leiden meiner Mütter auf mich nehmen.

Möge ich lernen, all diese Übungen vor den Beflec-
ckungen
durch die Acht Weltlichen Bestrebungen zu bewahren,
und möge ich von der Fessel der Anhaftung befreit
werden,
indem ich alle Phänomene als Illusion betrachte.

In den ersten sieben Strophen dieser *Acht Strophen zur Schulung des Geistes* geht es um das herkömmliche Erwachen des Geistes, das auch als Konventionelles Bodhicitta bezeichnet wird. In der letzten Strophe wird kurz auf eine andere Form von Bodhicitta Bezug genommen – das Absolute Bodhicitta.

In der ERSTEN der acht Strophen wird gesagt: *Mit der Entschlossenheit, das erhabenste Wohl aller fühlenden Wesen zu verwirklichen, das selbst ein wunscherfüllendes Juwel übertrifft, werde ich lernen, sie wahrhaft zu lieben.* Das Thema in dieser Strophe ist die Beziehung zwischen sich selbst und den anderen. Was ist in dieser Hinsicht die übliche Situation? Im Allgemeinen kann man sagen, dass man sich – natürlich und in hohem Maße – um sich selbst sorgt, um die eigenen Angelegenheiten und folglich um die Aufgabe, das eigene Wohlergehen zu erreichen, indem man versucht, glücklich zu sein und Leiden zu vermeiden. Dies ist unsere vordringlichste Sorge und belastet uns. Gleichzeitig wird die Sorge um andere als gering oder sogar unbedeutend angesehen. Dieser Zustand muss geändert werden, indem man sich einer geistigen Schulung unterzieht. Diese soll die Einstellung, das eigene Wohlergehen in den Mittelpunkt zu stellen und das der anderen als unwichtig zu betrachten, umkehren. Man muss dem Wohlergehen der anderen einen hohen Stellenwert einräumen und Fürsorge für sie entwickeln, während man gleichzeitig lernt, das eigene Wohlergehen als vergleichsweise unbedeutend zu betrachten. Das ist das Ziel. Aus diesem Grund sollte man sich um eine anhaltende geistige Schulung bemühen, die eine Vielzahl unterschiedlicher Methoden umfasst.

Die ZWEITE Strophe besagt: *Wann immer ich Umgang mit anderen habe, werde ich lernen, von mir als dem Geringsten zu denken und andere aus tiefstem Herzen respektvoll über mich selbst zu stellen.* Der Inhalt dieser Verse steht im Gegensatz zu unserer gewohnten Einstellung, auf andere herabzublicken. Stattdessen schauen wir jetzt zu den fühlenden Wesen auf und betrachten sie als unsere Brüder und Schwestern, während wir uns selbst als gering ansehen. Wir achten sie jetzt und widmen unseren Körper, unseren Geist und unser ganzes Wesen dem Wohlergehen der anderen, indem wir unser Selbst zum Wohl aller Geschöpfe hingeben. Dies hat gegenwärtig den höchsten Wert für uns.

Die DRITTE Strophe besagt: *Bei allem was ich tue, lerne ich, meinen Geist zu erforschen. Sobald ein störendes Gefühl erscheint, das mich und andere in Gefahr bringt, werde ich hinschauen und es abwenden.* Versucht man, zu anderen aufzuschauen und eine Haltung zu entwickeln, die anderen Wertschätzung und Respekt entgegenbringt, wird man die Entdeckung machen, dass diese Haltung mit verschiedenen mentalen Verzerrungen unvereinbar ist – beispielsweise mit der mentalen Verzerrung, die uns zuvor davon abgehalten hat, Selbstverliebtheit oder die falsche Vorstellung von einem Selbst abzulegen.

Im Hinblick auf die beschriebene Unvereinbarkeit betont diese Strophe, dass wir uns vor diesen mentalen Verzerrungen hüten sollten. Sobald sie im Geist entstehen, muss man auf die eigenen Gedanken aufpassen, als ob man ein Haus zu bewachen hätte. Dies geschieht mithilfe von Achtsamkeit und kritischem Gewahrsein. Beide stellen so etwas wie innere Wächter des Geistes dar, vergleichbar mit einer Art inneren Polizei. Wenn diese beiden im Geist vorhanden sind, dann ist eine weltliche Polizei unnötig, weil man sich nicht an unheilsamen, schädlichen Handlungen beteiligen wird. Fehlen diese inneren Wächter dagegen, diese innere Polizei der Achtsamkeit und des kritischen Gewahrseins, dann spielt es keine Rolle, wie viele Polizisten in der Außenwelt arbeiten; sie werden die Situation nicht in den Griff bekommen. Wie wirkungslos die Polizei tatsächlich ist, lässt sich am Beispiel der terroristischen Bedrohung erkennen.

Die VIERTE Strophe besagt: *Möge ich boshafte Wesen, die von gewalttätigen Verzerrungen beherrscht werden, mit Augen der Liebe betrachten und sie als so wertvoll ansehen wie einen von mir gefundenen Schatz.* Diese Strophe bezieht sich auf Wesen, die in irgendeiner Weise besonders abstoßend wirken, wie beispielsweise Menschenfresser oder sehr böse Wesen. Begegnet man solchen

Kreaturen, empfindet man die starke natürliche Neigung, sie zu meiden, den Blick abzuwenden und jedem möglichen Kontakt mit ihnen aus dem Weg zu gehen – auch wenn man möglicherweise nicht den Wunsch hat, ihnen zu schaden. Diese ablehnende Haltung sollte abgelegt werden. Wir sollten eine Einstellung entwickeln, die von Fürsorge für solche Wesen geprägt ist, gleichgültig ob sie anwesend sind oder nicht. Wenn wir ihnen begegnen, sollten wir nicht denken: „Oh! Jetzt sollte ich etwas gegen sie unternehmen. Hier ist eine Last, die ich auf mich nehmen muss, ich bin gezwungen, auf bestimmte Weise zu handeln." Viel eher sollte man während einer Begegnung das Gefühl haben, ein kostbares Juwel, einen Schatz oder etwas Wunderschönes gefunden zu haben, und eifrig die Gelegenheit ergreifen, ihnen zu dienen.

Die FÜNFTE Strophe besagt: *Wenn andere auf mich wütend sind, mich aus Neid beschimpfen, mich verleumden oder Ähnliches, werde ich meine Niederlage zulassen und ihnen den Sieg anbieten.* Es ist also wichtig, eine Haltung des Dienens und Helfens zu entwickeln. Der zentrale Punkt der Praxis ist jedoch, auch gegenüber jenen Wesen eine solche Haltung einzunehmen, die aus welchem Grund auch immer den unheimlichen Drang haben, uns zu schaden, sei es aus Ärger oder aus dem Wunsch heraus, uns zu enttäuschen oder im Stich zu lassen, die uns körperlichen Schaden zufügen oder uns einfach Böses wünschen. Man sollte solchen Wesen besondere Aufmerksamkeit schenken, so als ob sie etwas überaus Kostbares seien. Wenn deren Bösartigkeit zu Konflikten führt, dann sollten wir unsere Niederlage oder den Verlust akzeptieren und ihnen den Sieg überlassen. Hierin liegt der zentrale Gehalt der vorangegangen Strophe.

Die SECHSTE Strophe besagt: *Möge ich denjenigen, dem ich Gutes getan habe und der mich jetzt schlecht behandelt, als meinen höchsten Guru ansehen.* Unter den unzähligen fühlenden Wesen mag es einige geben, für die man sich besonders eingesetzt oder denen man besondere Freundlichkeit erwiesen hat. Dies ist eine durchaus edle und richtige Art zu handeln. Es wäre also angebracht, dass solch eine Person die erwiesene Freundlichkeit und Güte würdigt und ein wenig Dankbarkeit gegenüber seinem Wohltäter zeigt. Aber es kann sein, dass diese Person, obwohl wir ihr mit Freundlichkeit begegnet sind, auf eine sehr armselige und für uns unverdiente Weise reagiert. In solch einem Fall verspüren wir die natürliche Reaktion, uns aufzuregen und uns ungerecht behandelt zu fühlen. Will man wie ein Bodhisattva handeln, gilt es nun, die andere Person als persönlichen spirituellen Guru zu betrachten. Indem man das Geschehene als ausgezeichnete Gelegenheit zur Praxis ansieht, kann man die Person als jemanden wertschätzen, der besonderen Respekt verdient. Sie gibt uns nämlich die Möglichkeit, uns in Geduld und Toleranz zu üben. Auf diese Weise entwickelt ein Bodhisattva die ihm gemäße geistige Haltung.

Kommen wir nun zur SIEBTEN Strophe: *Möge ich direkt und indirekt allen meinen Müttern Wohlergehen und Glück schenken: Möge ich im Geheimen ihr Elend und ihr Leiden auf mich nehmen.* Diese Strophe bezieht sich noch auf den Konventionellen Erwachten Geist. Damit nun dieser zarte Keim einer wertschätzenden Haltung wachsen und stärker werden kann, muss er in Mitgefühl wurzeln. Mitgefühl liegt vor, wenn der Geist das Leiden anderer Wesen nicht ertragen kann und sich danach sehnt, sie davon zu befreien. Neben dem Gefühl einer ehrlich gemeinten mitfühlenden Sorge müssen wir auch eine Haltung liebevoller Freundlichkeit entwickeln. Dann nehmen wir das Glück und Wohlergehen anderer voller Freude wahr.

Diese beiden – Mitgefühl und liebevolle Freundlichkeit – sind die Wurzel, andere mehr wertzuschätzen als sich selbst. In diesem Zusammenhang hat sich eine Form der Praxis herausgebildet, die Tonglen (*gtong len* oder Geben und Nehmen) genannt wird. Sie kommt im folgenden Vers zum Ausdruck: *Möge ich allen meinen Müttern Wohlergehen und Glück schenken und im Geheimen ihr Elend und Leiden auf mich nehmen.*

In nur ganz, ganz seltenen Fällen ist es möglich, das eigene Glück auf andere zu übertragen und deren Leiden direkt auf sich selbst zu nehmen. Dies geschieht nur, wenn zwischen zwei Personen eine Form der Beziehung besteht, die auf einem karmischen Strom von Zuneigung basiert, der möglicherweise aus einem früheren Leben stammt. Nur in diesem Fall ist es denkbar, dass das Leiden eines Menschen auf die eigene Person übertragen wird. Normalerweise ist das aber nicht möglich. Warum sollte man dann Menschen helfen, diese Haltung zu entwickeln? Weil diese Form der Schulung Charakter, Mut und Eifer stärkt, und dies verfeinert wiederum die Praxis der Schulung eines Erwachten Geistes.

Die ACHTE und letzte Strophe der Schrift sagt: *Möge ich lernen, all diese Übungen vor den Befleckungen durch die Acht Weltlichen Bestrebungen zu bewahren, und möge ich von der Fessel der Anhaftung und folglich aus dem Daseinskreislauf befreit werden, indem ich alle Phänomene als Illusion betrachte.* Die Kernbedeutung dieser letzten Strophe nimmt Bezug auf die Entwicklung des Absoluten Erwachten Geistes. Während die anderen Strophen die Funktion haben, direkt zu den verschiedenen Praktiken zu führen, bezieht sich diese direkt auf das Erwachen des Geistes.

Den Geist zu schulen, andere über sich selbst zu stellen und wertzuschätzen, kann eine große Gefahr darstellen, weil wir bereits lange mit mentalen Verzerrungen zu tun haben, die Einfluss auf unsere Dharmapraxis nehmen können. So könnte man *verunreinigt* sein, weil man nach Bestätigung und Ansehen strebt, die man aus dieser Praxis zu gewinnen hofft. Oder man hat möglicherweise den geheimen Wunsch, Geschenke von denen zu erhalten, für die man die Praxis ausführt. Auch könnte der Gedanke entstehen: „Ich bin ein wirklich religiöser Mensch. Ich praktiziere das Dharma!" Dies vermag einen dazu verleiten, zu viel Stolz oder ein Überlegenheitsgefühl zu entwickeln, sodass man auf andere herabblickt.

Alle diese Formen mentaler Verzerrung und den damit verbundenen Einstellungen beeinflussen uns tendenziell sehr stark. Aufgrund der vielen Gefahren, die einen bei der Entwicklung des Erwachten Geistes bedrohen, sollte man sich besonders vor den sogenannten Acht Weltlichen Bestrebungen hüten. Sie umfassen das Streben nach Ruhm, Anerkennung, Vergnügen und Profit. Will man das Dharma praktizieren, muss man den Geist vollständig von ihnen befreien. Die Entwicklung des Erwachten Geistes muss rein sein, und zwar in dem Sinne, dass wir selbst keine Rolle spielen, uns das Wohlergehen der anderen dafür aber wirklich am Herzen liegt. Dies ist von äußerster Wichtigkeit.

Neuntes Kapitel

Sinnvoll leben und sterben

Uns alle beschäftigt die Frage, wie wir in Frieden leben und sterben können. Der Tod ist eine Form des Leidens; er stellt eine Erfahrung dar, die wir lieber vermeiden würden, doch wir alle werden sie irgendwann zwangsläufig machen müssen. Trotzdem gibt es einen Weg, wie wir diesem unwillkommenen Ereignis ohne Angst begegnen können. Einer der wichtigsten Faktoren, der es uns ermöglicht, im Angesicht des Todes ruhig und gelassen zu bleiben, ist die Art und Weise, wie wir unser Leben gelebt haben. Je sinnvoller unser Leben war, desto weniger haben wir im Augenblick des Todes zu bedauern. Mit welcher Haltung wir sterben, ist stark davon abhängig, wie wir gelebt haben.

Eine spirituelle Praxis zu wählen, die sich an Lebenszeiten und Äonen orientiert, mag uns eine andere Sichtweise auf den Tod geben. Wenn man von der Annahme ausgeht, dass sich eine Existenz durch viele aufeinanderfolgende Leben hindurchzieht, dann ist Sterben vergleichbar mit dem Wechseln der Kleidung. Ist die Kleidung alt und abgetragen, wechselt man sie und zieht neue an. Diese Perspektive ändert unsere Einstellung gegenüber dem Tod. Wir sehen nun klar, dass der Tod ein Teil des Lebens ist. Weite Bereiche unseres Geistes sind von unserem Gehirn abhängig, das heißt, sie funktionieren nur, solange das Gehirn arbeitet. Sobald das Gehirn seine Funktion einstellt, enden automatisch auch die geistigen Prozesse. Das Gehirn ist zwar Bedingung für die Entstehung grober Bewusstseinsebenen, aber die substanzielle Ursache des Geistes ist der Fortbestand des Subtilen Geistes, der ohne Anfang ist.

Wenn wir sterben, können uns andere Menschen daran erinnern, positive Geistzustände zu erzeugen – bis zu dem Punkt, an dem die groben Ebenen des Bewusstseins beginnen, sich aufzulösen. Sobald wir aber den Zustand des subtilen Bewusstseins erreicht haben, kann uns nur noch die Kraft unserer zuvor gebildeten Anlagen helfen. Ab diesem Zeitpunkt ist es für jeden äußerst schwierig, sich an die rechte Praxis zu erinnern. Darum ist es wichtig, von Jugend an ein Bewusstsein für den Tod zu entwickeln und sich mit Wegen vertraut zu machen, mit dessen Hilfe wir der Auflösung des Geistes begegnen können. Erreichen lässt sich dies mittels unseres Vorstellungsvermögens. Anstatt uns vor dem Tod zu fürchten, können wir vielleicht ein Gefühl der Erwartung und Neugier entwickeln. Wenn wir uns auf diese Weise über lange Jahre hinweg vorbereitet haben, können wir uns sicher fühlen, dass wir mit der Herausforderung des Todes wirksam umgehen werden.

Sobald Sie in der Meditation die Erfahrung des tieferen Subtilen Geistes gemacht haben, sind Sie tatsächlich in der Lage, Ihren Tod zu kontrollieren. Natürlich ist das nur möglich, wenn Sie eine fortgeschrittene Stufe der Praxis verwirklicht haben. Im Tantra gibt es solche fortgeschrittenen Übungen wie die Übertragung von Bewusstsein. Jedoch glaube ich, dass der Erwachte Geist im Augenblick des Todes die wichtigste Praxis darstellt. Sie ist einfach am wirksamsten. Obwohl ich im Rahmen meiner eigenen Praxis in Kombination mit verschiedenen tantrischen Übungen sieben bis acht Mal täglich über den Prozess des Sterbens meditiere, bin ich trotzdem überzeugt, dass ich mich am leichtesten an den Erwachten Geist erinnern werde, wenn ich sterbe. Das ist der Geist, dem ich mich wirklich nah fühle.

Natürlich bereiten wir uns, wenn wir über den Tod meditieren, auch so auf ihn vor, dass wir uns nicht länger Sorgen über ihn machen müssen. Obwohl ich noch nicht wirklich bereit bin, meinem eigenen Tod zu begegnen, frage ich mich manchmal, wie ich wohl damit zurechtkommen werde, wenn ich ihm tatsächlich begegne. Sollte ich länger leben, bin ich sicher, noch mehr erreichen zu können. Mein Wille zu leben hält sich mit meiner Erwartung und meiner Neugier auf den Tod die Waage.

Denken Sie daran, dass der Tod ein Element der buddhistischen Praxis ist. Sie hat verschiedene Erscheinungsformen. Eine davon ist die beständige Meditation über den Tod als Mittel, die Distanz zu diesem Leben und seinen Anziehungspunkten zu vergrößern. Eine andere Erscheinungsform ist die Vorwegnahme des Sterbeprozesses, da man bereits im Vorfeld mit den unterschiedlichen geistigen Ebenen, die man während des Sterbens erfährt, vertraut wird. Wenn sich die gröberen Ebenen des Geistes auflösen, tritt der subtilere Geist in den Vordergrund. Den Sterbeprozess zum Gegenstand der Meditation zu machen, ist folglich wichtig, um eine tiefere Erfahrung des Subtilen Geistes zu erreichen.

Der Tod zeigt uns, dass dieser Körper bestimmten Grenzen unterliegt. Wenn der Körper nicht mehr länger aufrechterhalten werden kann, sterben wir und übernehmen einen neuen Körper. Das grundlegende Sein oder Selbst, das der Einheit von Körper und Geist zugeschrieben wird, existiert nach dem Tode fort, obwohl der individuelle Körper nicht mehr besteht. Der subtile Körper bleibt. Nach dieser Anschauung hat das Dasein weder Anfang noch Ende; es wird bis zur Buddhaschaft bestehen bleiben.

Dennoch fürchten Menschen den Tod. Wenn man nicht durch in diesem Leben begangene gute Taten für die eigene Zukunft garantieren kann, ist die Wahrscheinlichkeit sehr hoch, in einem ungünstigen Daseinszustand wiedergeboren zu werden. In diesem Leben lebt man immer noch in der Welt der Menschen, selbst wenn man sein Land verliert und Flüchtling ist. Man kann Hilfe und Unterstützung suchen. Aber nach dem Tod ist man mit vollkommen neuen Umständen konfrontiert. Die üblichen Erfahrungen, die wir in diesem Leben machen, sind nach dem Tod von überhaupt keinem Nutzen mehr.

Wenn Sie sich nicht richtig vorbereitet haben, können die Dinge unglücklich verlaufen. Der Weg, uns vorzubereiten, ist die Schulung des Geistes. Auf einer Stufe sollten wir eine aufrichtige mitfühlende Haltung entwickeln und gute Taten vollbringen, indem wir anderen fühlenden Wesen dienen. Auf einer anderen Stufe soll der Geist kontrolliert werden. Dies ist eine tiefer greifende Vorbereitung auf die Zukunft. Auf diese Weise werden Sie zum Meister Ihres eigenen Geistes; hierin liegt das hauptsächliche Ziel der Meditation.

Menschen, die daran zweifeln, dass es nach dem Tod irgendetwas gibt, täten gut daran, den Tod als Teil des Lebens zu betrachten. Früher oder später werden wir ihm begegnen, und dies könnte zumindest dabei helfen, den Tod als etwas Normales anzusehen. Selbst wenn wir absichtlich versuchen, nicht an den Tod zu denken, können wir ihm nicht entkommen.

In Anbetracht dieses Problems gibt es zwei Möglichkeiten. Eine ist, nicht darüber nachzudenken und den Tod einfach aus dem eigenen Denken zu verbannen. Zumindest bleibt Ihr Geist in diesem Falle ruhig. Allerdings ist dies keine verlässliche Methode, denn das Problem bleibt bestehen, und früher oder später müssen Sie sich ihm stellen. Die andere Möglichkeit besteht darin, sich mit dem Problem aktiv auseinanderzusetzen und eingehend darüber nachzudenken. Ich kenne Soldaten, die sagen, ihre Kraft sei vor der Schlacht größer als im eigentlichen Kampf. Wenn Sie über den Tod reflektieren, kann Ihr Geist mit ihm vertrauter werden. Wenn er dann wirklich eintritt, wird der Schock geringer sein und Sie werden sich ruhiger fühlen. Deshalb glaube ich, dass es von Nutzen ist, über den Tod zu reflektieren und zu sprechen.

Wir müssen unserem Leben einen Sinn geben. In den Schriften werden die verschiedenen Existenzbereiche als unbeständig charakterisiert, vergleichbar mit einer Wolke am herbstlichen Himmel. Geburt und Tod der Menschen sind wie das Auf- und Abtreten der Figuren auf der Theaterbühne. Zuerst sieht man die Schauspieler in dem einen Kostüm und dann in einem anderen. Innerhalb eines kurzen Zeitraums verändern sie sich mehrmals. Unsere Art zu existieren lässt sich damit vergleichen. Darüber hinaus wird das Dahinschwinden eines menschlichen Lebens auch mit einem Blitz am Himmel oder mit einem Felsbrocken, der einen steilen Abhang hinabrollt, verglichen.

Wasser fließt stets bergab. Es ist unmöglich, dass es irgendwann einen Berg hinauffließt. Kaum dass wir es bemerken, strömt unser Leben davon. Diejenigen, die den Wert einer spirituellen Praxis kennen, denken möglicherweise über ihre zukünftigen Leben nach, aber im Grunde ihres Herzens geht es ihnen in erster Linie um den Sinn dieses jetzigen Lebens. Darüber verwirrt, werden sie gefangen im Daseinskreislauf. Wir vergeuden unser Leben. Bereits im Augenblick unserer Geburt nähern wir uns dem Tod. Doch wir verbringen unser Leben damit, Nahrung, Kleidung und Bekanntschaften anzuhäufen. Im Augenblick des Todes müssen wir dies alles zurücklassen.

Wir müssen die Reise in die nächste Welt alleine, ohne Begleitung antreten.

Das Einzige, was uns von Nutzen sein wird, sind unser vorangegangenes Bemühen um spirituelle Entwicklung und die wenigen positiven Spuren, die wir in unserem Geist hinterlassen haben. Wenn wir damit aufhören, unser Leben zu vergeuden, und stattdessen beginnen zu praktizieren, dann müssen wir über die Unbeständigkeit und unsere eigene Vergänglichkeit meditieren – die Tatsache, dass unsere Körper vom Augenblick unserer Geburt an ihrer Natur nach der Vergänglichkeit und Auflösung unterliegen.

Der Tod als spirituelle Praxis

Die Schulung des Geistes soll nicht nur in diesem Leben von Nutzen zu sein, sondern auch Frieden und Glück für die Leben nach dem Tod bewirken. Unsere Neigung zu glauben, dass wir sehr lange leben würden, stellt dabei ein Hindernis für unsere Praxis dar. Wir sind mit jemand vergleichbar, der beschlossen hat, sich dauerhaft an einem bestimmten Ort niederzulassen. Ein solcher Mensch geht ganz natürlich weltlichen Angelegenheiten nach, häuft Reichtümer an, plant und baut Gebäude, pflanzt Früchte an und so weiter. Dagegen ist jemand, der sich mehr um seine zukünftigen Leben sorgt, mit einer Person vergleichbar, die verreisen möchte. Ein Reisender trifft Vorbereitungen, um auf alle Eventualitäten vorbereitet zu sein und erfolgreich das Ziel zu erreichen. Ein Ergebnis der Meditation über den Tod ist, dass ein Übender weniger auf die Angelegenheiten dieses Lebens fixiert ist – Name und Ansehen, Besitz und sozialen Status. Während der eine damit zu tun hat, mit den Anforderungen und Problemen in diesem Leben zurechtzukommen, kann jemand, der über den Tod meditiert, die Energie entwickeln, die Frieden und Freude in den zukünftigen Leben bewirkt.

Ein Bewusstsein für den Tod lässt sich sowohl durch formale als auch durch analytische Meditation entwickeln. Zunächst muss man den unausweichlichen Tod auf intellektuelle Weise verstehen. Es handelt sich dabei nicht um irgendeinen obskuren theoretischen Gegenstand, sondern um eine offensichtliche und beobachtbare Tatsache. Nach Schätzungen ist unser Planet fünf Milliarden Jahre alt, und die menschliche Rasse existiert seit 100 000 Jahren. Gab es während dieses langen Zeitraums ein menschliches Wesen, das nicht sterben musste? Der Tod ist absolut unvermeidbar, gleichgültig wo Sie leben, ob Sie sich in den Tiefen des Ozeans verstecken oder ins All fliegen.

Es spielt keine Rolle, wo Sie sich befinden; Sie müssen sterben. Stalin und Mao waren zwei der mächtigsten Männer des 20. Jahrhunderts. Trotzdem mussten auch sie sterben. Und es scheint so, als ob sie voller Angst und unglücklich starben. Zu ihren Lebzeiten herrschten sie als Diktatoren. Sie waren umgeben von Dienstboten und Lakaien, die auf jeden ihrer Wünsche eingingen. Sie herrschten rücksichtslos und waren bereit, alles zu vernichten, das ihre Autorität in Frage stellte. Aber als sie sich dem Tod gegenübersahen, war jeder, dem sie bis zu diesem Augenblick vertraut hatten, und alles, worauf sie sich verlassen hatten – ihre Macht, Waffen, ihre militärische Schlagkraft –, ohne irgendeinen Nutzen. Unter solchen Umständen würde sich jeder fürchten.

Ein Bewusstsein für den Tod zu entwickeln, ist von Vorteil, da es uns hilft, unserem Leben einen Sinn zu geben. Sie werden dauerhaften Frieden und dauerhaftes Glück als wichtiger ansehen als kurzfristige Vergnügungen und Annehmlichkeiten. Sich an den Tod zu erinnern, ist wie mit einem Hammer alle negativen Neigungen und störenden Emotionen zu zerschlagen.

Um ein Bewusstsein für den Tod zu entwickeln, ist es zunächst wichtig, über seine Unvorhersehbarkeit nachzudenken. Sie kommt in einer bekannten Redewendung zum Ausdruck: „Morgen oder das nächste Leben, du weißt niemals, was zuerst kommt." Wir alle wissen, dass der Tod eines Tages eintreten wird. Das Problem besteht jedoch darin, dass wir glauben, er komme irgendwann in der Zukunft. Immerzu sind wir mit den Problemen des Alltags beschäftigt. Darum ist es wichtig, über die Unvorhersehbarkeit des Todes zu meditieren. Die überlieferten Texte erklären, die Lebensspanne der Menschen in dieser Welt sei ungewiss, besonders in diesem verwahrlosten Zeitalter. Der Tod richtet sich nach keiner Regel noch Ordnung. Jeder kann zu jeder Zeit sterben, ob alt oder jung, reich oder arm, krank oder gesund. In Bezug auf den Tod ist nichts selbstverständlich. Kräftige, gesunde

Menschen sterben aufgrund unvorhersehbarer Umstände ganz plötzlich, während schwache, bettlägerige Patienten lange Zeit dahinsiechen.

Vergleicht man die Zahl der möglichen Ursachen, die zum Tod führen können, mit der begrenzten Menge an Faktoren, die das Leben erhalten, versteht man, warum der Tod nicht vorhersagbar ist. Wir huldigen diesem Körper, glauben, er sei stark und bestünde eine lange Zeit. Aber die Wirklichkeit spricht eine andere Sprache. Verglichen mit Fels oder Stahl sind unsere Körper schwach und empfindlich. Wir essen, um unsere Gesundheit zu erhalten und am Leben zu bleiben, aber es gibt Umstände, unter denen unsere Nahrung uns sogar krank macht und unseren Tod herbeiführt. Es gibt nichts, dass uns ewiges Leben ermöglichen würde.

Wir fürchten den Tod, weil er das Ende des Lebens bedeutet. Noch schlimmer ist, dass nichts von dem, für das wir in diesem Leben arbeiten – Wohlstand, Macht, Ruhm, Freunde oder Familie –, uns dann helfen kann. Selbst wenn Sie überaus mächtig wären und Ihnen eine große Streitmacht zur Verfügung stünde, sobald der Tod zuschlägt, vermag sie Ihnen nicht helfen. Vielleicht sind Sie reich und können sich, wenn sie krank sind, die besten Ärzte leisten, aber wenn der Tod schließlich die Oberhand gewinnt, gibt es keinen Experten, den Sie bezahlen könnten, damit er den Tod abwendet. Sie verlassen die Welt und Ihr Reichtum bleibt zurück. Nicht einen einzigen Cent können Sie mitnehmen. Ihre liebsten Freunde werden zurückbleiben. Sie müssen allein in die nächste

Welt eintreten. Einzig und allein die Erfahrungen, die Sie durch Ihre spirituelle Praxis gesammelt haben, können Ihnen helfen.

Der eigene Körper ist für viele von uns ein sehr hohes Gut. Seit dem Augenblick der Geburt an ist er in den meisten Fällen unser verlässlicher, standhafter Begleiter gewesen. Vielleicht haben Sie alles Erdenkliche getan, um ihm die beste Pflege angedeihen zu lassen. Sie haben ihm zu essen gegeben, damit er nicht hungrig ist; Sie haben ihm zu trinken gegeben, wenn er durstig war. Sie haben sich ausgeruht, wenn er müde war. Sie haben Vorbereitungen getroffen, um wirklich alles für das Wohlergehen, die Bequemlichkeit und den Schutz Ihres Körpers zu tun. Auf der anderen Seite hat Ihr Körper auch Ihnen gedient. Er war immer bereit, Ihre Wünsche zu erfüllen. Bereits das Funktionieren des Herzens ist eine erstaunliche Tatsache. Es arbeitet unablässig. Es hört tatsächlich niemals auf, gleichgültig was Sie tun, ob Sie schlafen oder wach sind.

Aber wenn der Tod kommt, gibt Ihr Körper auf. Bewusstsein und Körper trennen sich, und Ihr kostbarer Körper verwandelt sich schlicht in einen schauderhaften Leichnam. Im Angesicht des Todes sind Ihre Reichtümer und Ihr Besitz, Ihre Freunde und Verwandten und sogar Ihr Körper von keinerlei Nutzen. Das Einzige, das Ihnen auf Ihrer Reise ins Ungewisse helfen kann, ist die Tugend, die Sie in den Strom Ihres Bewusstseins eingepflanzt haben. Aus diesem Grund kann Ihnen die spirituelle Praxis dabei helfen, Ihrem Leben Bedeutung zu geben.

Sich den Erwachten Geist mühelos in Erinnerung rufen zu können, schenkt unserem Geist Ruhe und Frieden, wenn wir sterben. Entwickeln wir im Augenblick des Sterbens einen tugendhaften Geisteszustand, bewirken wir das Reifen tugendhafter Handlungen und sichern uns damit eine gute Wiedergeburt. Aus der Sicht eines praktizierenden Buddhisten ist daher ein Leben genau dann sinnvoll, wenn man sich mit einem tugendhaften Geisteszustand vertraut macht, der uns schließlich hilft, dem Tod zu begegnen. Ob Ihre Erfahrung während des Sterbens positiv oder negativ sein wird, hängt sehr davon ab, wie Sie während Ihres Lebens praktiziert haben.

Was zählt ist, dass unser alltägliches Leben Sinn haben sollte … dass unsere Haltung positiv, von Glück erfüllt und warmherzig ist.

ZEHNTES KAPITEL

Leerheit verstehen

Die Erkenntnis über äußerliche Phänomene und die Anwendung dieses Wissens bezeichnet man heutzutage als Wissenschaft. Herangehensweisen und Methoden, die den Blick auf interne Phänomene wie das Bewusstsein oder den Geist richten, sowie die Anwendung des entsprechenden Wissens stellen einen anderen Wissensbereich dar. Beide haben im Grunde jedoch das gleiche Ziel: Glück und Zufriedenheit zu erreichen, welches die vordringlichste Sorge jedes menschlichen Wesens darstellt.

Es besteht eine Beziehung zwischen dem Ziel beziehungsweise der Methodik und der Tatsache, dass wir menschliche Wesen sind, denn immer ist es ein Individuum, welches das Ziel setzt und sich der Methoden bedient. Der Wissenschaftler, der äußere Phänomene untersucht, bleibt ein menschliches Wesen, das nach Glück strebt; auch wenn es nicht sein Arbeitsfeld ist, bleibt Bewusstsein ebenfalls seine Angelegenheit. Ein spiritueller Mensch, dessen Interesse dem Bewusstsein oder der Meditation gilt, muss sich dagegen auch mit der Materie auseinandersetzen. Einen dieser beiden Wege getrennt zu verfolgen, reicht nicht aus. Wäre dies tatsächlich jemals der Fall gewesen, hätte man nie die Notwendigkeit gesehen, diese beiden Disziplinen zusammenzubringen.

Beide Herangehensweisen sind also sehr wichtig, und ich möchte im Folgenden ein paar Worte sagen, um zwischen beiden eine Verbindung herzustellen.

Entstehen in Abhängigkeit

Die grundlegende Auffassung oder Philosophie des Buddhismus besteht in der Lehre vom „Entstehen in Abhängigkeit". Wenn hiervon die Rede ist, meint man, dass ein Gegenstand abhängig von einem anderen Gegenstand existiert, beziehungsweise dass ihm diese Abhängigkeit zugeschrieben wird. Im Falle eines physikalischen Phänomens kann man noch genauer sagen, dass es in Abhängigkeit von seinen Bestandteilen existiert. Nichtphysikalische, zusammengesetzte Phänomene existieren hingegen entweder in Abhängigkeit von ihrem Kontinuum oder von einem Aspekt ihres Kontinuums. Infolgedessen gibt es nichts, seien es äußerliche oder interne Phänomene, das existiert, ohne von seinen Teilen oder Aspekten abhängig zu sein.

Würde man die Grundlage untersuchen, auf der diese Zuschreibung in Bezug auf ein gegebenes Phänomen erfolgt, würde man keinerlei „Ding" finden, das in Wirklichkeit das Phänomen *ist* – keine irgendwie geartete feste Substanz, auf die man mit dem Finger deuten könnte, ist die Grundlage für das jeweilige Phänomen. Daher kann man sagen, dass Phänomene aufgrund von Zuschreibung des Geistes existieren.

Da Phänomene nicht unabhängig vom zuschreibenden Geist existieren, spricht man von „Leerheit“, das heißt, es gibt nichts, das unabhängig von der Zuschreibung des Geistes, also aus sich selbst heraus existieren kann.

Weil Dinge nicht einfach aus eigener Kraft existieren können, sondern von Bedingungen abhängig sind, verändern sie sich, wenn sich die Bedingungen ändern. So beginnen sie in Abhängigkeit von Bedingungen zu existieren und enden in Abhängigkeit von Bedingungen. Genau diese Abwesenheit von inhärenter Existenz, unabhängig von Ursachen und Bedingungen, bildet die Grundlage für alle Veränderungen eines Phänomens, so wie Geburt, Tod und so weiter.

Es mag interessant sein, die wissenschaftliche Interpretation der Rolle des Beobachters oder „Teilnehmers“ mit der buddhistischen Sichtweise zu vergleichen. Nach dieser sind beobachtbare Phänomene nicht einfach mentale Bilder, Projektionen oder Visionen des Geistes, sondern vom Geist getrennt existierende Entitäten. Geist und Materie sind zwei verschiedene Dinge. Materie unterscheidet sich vom Geist dahingehend, dass dieser sie erkennt, benennt und kategorisiert.

Das heißt, für alle Phänomene gilt ausnahmslos Folgendes: Obwohl sie nicht einfach eine Schöpfung oder Manifestation des Geistes ohne eigenes Sein sind, sind sie auf der absoluten Ebene ihrer Existenz abhängig von der Zuschreibung des Geistes, dem „Zuschreiber“. Der Modus ihrer Existenz ist daher völlig getrennt vom Zuschreiber, ihre Existenz selbst aber ist abhängig vom Zuschreiber. Ich habe den Eindruck, dass diese Sichtweise möglicherweise mit der wissenschaftlichen Erklärung der Rolle des Beobachters korrespondiert. Obwohl unterschiedliche Begriffe für deren Erklärung zur Anwendung kommen, sind sie sich in ihrer Bedeutung ziemlich ähnlich.

Die wahre Natur der Phänomene

Oberflächlich gesehen scheint zwischen dem oben erläuterten abhängigen Entstehen und der Leerheit ein Widerspruch zu bestehen. Doch analysiert man beide auf einer tieferen Ebene, beginnt man zu verstehen, dass Phänomene aufgrund ihres Leerseins in Abhängigkeit entstehen beziehungsweise in Abhängigkeit existieren. Aufgrund dieser abhängigen Existenz sind sie von Natur aus leer. So lassen sich sowohl Leerheit als auch das Entstehen in Abhängigkeit auf eine einzige Grundlage stellen. Dadurch wirken sie wie zwei Gesichtspunkte, die sich oberflächlich gesehen zu widersprechen scheinen, bei genauerer Betrachtung aber sind sie wie zwei Seiten einer Medaille, die sich gegenseitig ergänzen.

Die Erscheinungsweise der Phänomene ist verschieden von deren tatsächlicher Existenzweise. Wenn der Geist wahrnimmt, auf welche Art und Weise sie in Erscheinung treten, diese Erscheinungsweise als wahr anerkennt und sich nach der betreffenden Idee oder dem betreffenden

Konzept richtet, dann entstehen Fehler. Da das Konzept durch die Fixierung auf das betreffende Objekt vollkommen verzerrt wird, steht es im Widerspruch zu seiner wirklichen Art zu existieren, zur Realität an sich. Die Diskrepanz zwischen dem „was ist" und „wie es erscheint" entsteht, da dem gewöhnlichen Geist die Phänomene so erscheinen, als ob sie aus sich selbst heraus existieren würden. In Wirklichkeit fehlt ihnen eine solche Eigenschaft, und sie sind leer von einem selbstständigen, ihnen innewohnenden Sein. Gleichermaßen scheinen Dinge beständig und unveränderlich zu sein, obwohl sie in der Realität von Ursachen und Bedingungen abhängig und ständiger Veränderung unterworfen sind.

Ferner kann etwas, das als Glück erscheint, seiner wahren Natur nach Leiden sein. Und manches, das wahr erscheint, ist in Wirklichkeit falsch. Es gibt viele verschiedene Grade und feine Unterschiede, die man zwischen der Form der Existenz eines Phänomens und der Form seiner Erscheinung erfassen kann. Als Folge des Unterschieds zwischen dem „was ist" und dem „wie es erscheint" entstehen alle Arten von Fehler. Diese Erklärung hat vielleicht manches gemeinsam mit der wissenschaftlichen Sicht auf die Unterschiede zwischen der Form der Erscheinung und der Form der Existenz bestimmter Phänomene.

Allgemein gesprochen heißt das: Versteht man die Bedeutung der Leerheit und der Entstehung in Abhängigkeit, führt einen dies in natürlicher Weise zu einer tieferen Erkenntnis des Gesetzes von Ursache und Wirkung. Aus diesem resultieren aufgrund verschiedener Ursachen und Bedingungen verschiedene – positive oder negative – Produkte oder Wirkungen. In der Folge wird man seine Aufmerksamkeit stärker auf die Ursachen richten und sich auch der verschiedenen Bedingungen stärker bewusst sein. Sobald man Leerheit ausreichend versteht, beziehungsweise mit ihr vertraut ist, verringern sich geistige Verzerrungen wie Anhaftung, Hass und so weiter, weil diese durch falsche Vorstellungen gebildet werden – fehlerhaft aufgrund einer falschen Unterscheidung zwischen dem „was ist" und dem „was erscheint".

Aus der eigenen Erfahrung weiß man beispielsweise, wie sich unser Gefühl gegenüber einer von uns beobachteten Sache je nach geistiger Verfassung ändert. Obwohl das Objekt das gleiche ist, wird die Reaktion weit weniger intensiv sein, wenn der Geist ruhig ist und nicht von starken Gefühlen wie Ärger oder Wut beherrscht wird.

Die wirkliche Form der Existenz – der bloße, unverhüllte Gedanke an die Existenz – ist Leerheit. Wenn man dies erkennt und die widersprüchliche Natur der Erscheinungsweise der Phänomene akzeptiert, lassen sich unmittelbar fehlerhafte Auffassungen aufdecken. Infolgedessen werden alle mentalen Verzerrungen wie Anhaftung, Hass und Ähnliches an Stärke verlieren, denn sie beruhen auf einer falschen Vorstellung, einer Täuschung, die in einer fehlerhaften Wahrnehmung der Natur der Phänomene wurzelt.

Wir könnten Folgendes fragen: Auf welche Weise existieren die verschiedenen Ebenen des Bewusstseins oder Geistes, mit deren Hilfe wir ein Objekt erfassen? – Diese verschiedenen Bewusstseinsebenen stehen in Relation zu den entsprechenden Feinheiten der inneren Energie, die das Bewusstsein aktiviert und in Richtung des gegebenen Objekts lenkt. Feine subtile Nuancen von unterschiedlicher Stärke richten also das Bewusstsein auf ein Objekt aus, und dadurch werden verschiedene Bewusstseinsstufen bestimmt und geschaffen.

Es ist sehr wichtig, über die Beziehung zwischen innerem Bewusstsein und äußerer materieller Welt nachzudenken. Viele östliche Philosophien, unter ihnen der Buddhismus, sprechen von vier Elementen: Erde, Wasser, Feuer und Luft, oder von fünf Elementen, wenn man den Raum hinzunimmt. Die ersten vier Elemente – Erde, Wasser, Feuer und Luft – werden durch das Element Raum getragen, das ihnen ermöglicht, zu existieren und zu arbeiten. Der Raum, oder „Äther", bildet daher die Grundlage, dass alle Elemente funktionieren.

Diese fünf Elemente lassen sich in zwei Gruppen gliedern: die äußeren fünf Elemente und die inneren fünf Elemente. Zwischen beiden besteht eine eindeutige Beziehung. Das Element Raum oder „Äther" ist nach bestimmten buddhistischen Texten wie dem *Kalachakra Tantra* nicht einfach ein vollständiges Nichts, frei von irgendetwas, sondern es besteht aus sogenannten „Leeren Partikeln". Diese Leeren Partikel bilden folglich die Grundlage für die Entstehung und die Auflösung der vier anderen Elemente. Diese werden von ihnen erzeugt und kehren schließlich wieder in sie zurück. Der Auflösungsprozess geschieht in der Reihenfolge: Erde, Wasser, Feuer und Luft, und der Prozess der Entstehung in der Reihenfolge: Luft, Feuer, Wasser und Erde. Diese vier Elemente lassen sich mithilfe folgender Begriffe genauer umschreiben: Festigkeit (Erde), Flüssigkeit (Wasser), Hitze (Feuer) und Energie (Luft). Sie werden, ausgehend von den Leeren Partikeln, von der subtilen Ebene in Richtung der groben Ebene gebildet. Der Auflösungsprozess vollzieht sich umgekehrt von der groben Ebene in Richtung der subtilen Ebene bis zur letztendlichen Rückkehr in die Leeren Partikel. Raum beziehungsweise die Leeren Partikel bilden also die Basis für den gesamten Prozess.

Meditation über Leerheit

Um zu erkennen, dass alle trügerischen Phänomene bezüglich ihrer Natur der Leerheit gleich sind, richten wir unser Gewahrsein auf den Aspekt der Leerheit. Sobald die Meditation auf den Geist der Erleuchtung sowie die ausgebildete Konzentration zur Reife gekommen ist, beginnt die Schulung in Bezug auf Leerheit.

Im Allgemeinen ist es in der Meditation über Leerheit nicht notwendig, die Aufmerksamkeit auftretender Objekte oder Erscheinungen aufzulösen, aber da wir es hier mit tantrischen Übungen zu tun haben, wird genau das empfohlen.

Wir können mit dieser Praxis auf zwei unterschiedliche Arten beginnen: Entweder wir lösen zuerst alle Objekte auf und meditieren dann über Leerheit, oder wir meditieren zuerst über Leerheit und lösen sie dann auf.

Im Folgenden erkläre ich kurz die eigentliche Meditation über Leerheit. Hier ist es sehr wichtig zu wissen, was negiert werden muss.

Den großen Schulen des Buddhismus ist gemeinsam, dass sie die sogenannten *Vier Siegel der buddhistischen Lehre* anerkennen. Sie lauten wie folgt:

- Alles Gewordene ist unbeständig.
- Alle befleckten Erscheinungen sind von Natur aus leidvoll.
- Alle Erscheinungen sind selbst-los und leer.
- Allein Nirvana bedeutet Frieden.

Selbstlosigkeit meint hier die Tatsache, dass alle Erscheinungen – Personen eingeschlossen – leer sind von einem unabhängigen, autarken Selbst.

Wenn man über Leerheit meditieren will, muss man zunächst die Leerheit kennen, über die meditiert werden soll – den zu negierenden Gegenstand. Ohne das Objekt der Negation zu kennen, haben wir keine Vorstellung von seiner Abwesenheit. Aus diesem Grund ist es nützlicher, wenn wir zu Beginn über unser eigenes Selbst nachdenken.

Nehmen wir an, Sie haben ein ganz natürliches Gefühl von einem „Ich", das sich in Sätzen ausdrückt wie: „Ich handle. Ich esse. Ich bleibe." Denken Sie jetzt darüber nach, welche Art von Selbst oder „Ich" in Ihrem Geist auftaucht. Probieren Sie verschiedene Techniken aus. Versuchen Sie, sich unangenehme Situationen in Erinnerung zu rufen, in denen Sie zum Beispiel ungerechterweise für etwas beschuldigt wurden, oder angenehme Situationen, in denen man Sie gelobt hat. Während solcher Erfahrungen befand sich Ihr Geist in einer sehr wechselhaften Verfassung, und es schien, als ob Sie dieses „Ich", dieses Selbst, sehr genau fühlen könnten.

Als dieses „Ich" in Ihrem Geist auftauchte, erschien es Ihnen, als sei es etwas vom Körper und Geist Getrenntes, eine Art unabhängiges Wesen? Bei dieser von Art von „Ich" oder Selbst, das Sie förmlich mit den Händen greifen oder auf das Sie mit dem Finger zeigen können – das also etwas von Ihrem Körper und Geist Unabhängiges ist –, handelt es sich um die am häufigsten falsch verstandene Projektion, und genau diese ist das Objekt der Negation.

Dies ist der erste zentrale Punkt: das zu Negierende erkennen.

Der zweite entscheidende Schritt liegt darin, über die Frage nachzudenken, ob ein solches „Ich" oder unabhängiges Selbst – sollte es denn existieren – in Verbindung mit Körper und Geist steht, von ihnen getrennt ist oder ob eine dritte Möglichkeit zu existieren denkbar ist.

Sie müssen die verschiedenen Möglichkeiten gedanklich betrachten. Sollte es etwas im Sinne einer unabhängigen Entität geben, werden Sie in der Folge erkennen, dass es entweder eine Einheit mit Körper und Geist beziehungsweise den Aggregaten bildet oder dass es abgetrennt ist, denn es gibt keine dritte Möglichkeit zu existieren.

Das ist der zweite wesentliche Punkt: Es gibt nur zwei Möglichkeiten. Entweder ist es identisch mit den Aggregaten, oder es ist vollkommen anders.

Prüfen Sie als Nächstes den folgenden Gedanken: Wenn das Selbst mit den Aggregaten eins ist, dann sind auch Körper und Geist, genau wie das Selbst, eins, da beide mit dem Selbst gleichgesetzt werden können. Ist das Selbst dagegen abgetrennt, dann ist das Selbst mannigfaltig, weil auch die Aggregate mannigfaltig sind.

Danach untersuchen Sie den folgenden Gedankengang: Wenn ein unabhängiges Selbst oder „Ich" als etwas deutlich Getrenntes existiert, also wirklich unabhängig von den Aggregaten ist, dann müsste es auch auffindbar sein, wenn die Aggregate aufgehört haben zu existieren. Aber dies ist nicht der Fall.

Hat man alles auf diese Weise hinterfragt, gelangt man zu der Einsicht, dass ein derartiges „Ich" abseits der Aggregate nicht ausgemacht werden kann.

Diese Argumentation lässt Sie zu dem Schluss gelangen, dass jenes unabhängige „Ich" oder Selbst, das zuvor in Ihrem Bewusstsein auftauchte, nichts anderes als eine falsche Vorstellung beziehungsweise Projektion ist. Es ist nicht vorhanden.

Bei sehr schwachem Licht, in der Dämmerung oder im Nebel, könnte jemand zum Beispiel ein zusammengerolltes Seil irrtümlicherweise für eine Schlange halten. Außer in der geistigen Vorstellung dieser Person gibt es objektiv jedoch keinen triftigen Grund, das Seil tatsächlich für eine Schlange zu halten.

Gleiches gilt für die Aggregate. Wenn man (im Geiste) die Erscheinung ihres Selbst in diesen wahrnimmt, lässt sich in ihnen dennoch nicht das kleinste Teilchen finden, das mit dem Selbst gleichgesetzt werden könnte, auch wenn es den Anschein hat, es würde dem Inneren der Aggregate entstammen. Wie in dem Beispiel der Schlange, wo es sich lediglich um eine falsch verstandene Projektion handelt, existiert das Selbst nicht wirklich.

Gleiches gilt für die Wahrnehmung einer von den Aggregaten deutlich verschiedenen Person. Auf der Seite der Aggregate gibt es keine wirklich existierende Person, es handelt sich lediglich um eine Art Etikett, das den Aggregaten aufgeklebt wird. Wenn es keine Essenz oder Substanz in Bezug auf das betreffende Objekt gibt, dann gibt es in dieser Hinsicht auch keinen Unterschied.

Was die verschiedenen Zustände eines Gegenstandes betrifft, existieren keinerlei Unterschiede zwischen ihnen. Der Unterschied entstammt dem wahrnehmenden Geist, der Subjektseite. Wenn wir das zusammengerollte Seil als Schlange bezeichnen, dann handelt es sich um eine falsche Vorstellung. Nach einer Weile geht die Sonne auf, und wir sehen den Gegenstand in aller Klarheit und sind in der Lage, unsere falsche Vorstellung auf dem Wege gültiger Erkenntnis aufzulösen. Es handelt sich um eine andere Form von Bewusstsein.

Das zusammengerollte Seil als Schlange zu bezeichnen, kann schädliche Folgen haben. Im Falle einer Person ist das anders; wenn Sie die Aggregate als Person bezeichnen, dann dient das einem Zweck, auch wenn dahinter keine objektive Realität steht. Nur die beschriebene Bewusstseinsform vermag dies aufzulösen.

Würden wir jedoch behaupten, dass es überhaupt keine Person gäbe, dann widerspräche unsere Erfahrung dieser falschen Schlussfolgerung. Daher lässt sich die Existenz der Person nur durch das Bewusstsein des jeweiligen Subjekts rechtfertigen, das diese benennt. In Bezug auf die Frage nach der Realität der Dinge gilt aus diesem Grund, dass sie nur dem Namen nach existieren. Es gibt keine objektive Realität.

ELFTES KAPITEL

Universelle Verantwortung

Ich möchte erwähnen, dass es mich nicht überzeugt, Bewegungen ins Leben zu rufen oder für eine Ideologie einzutreten. Darüber hinaus missfällt es mir, Organisationen zu gründen, die ganz bestimmte Ideen fördern, weil dies impliziert, dass eine bestimmte Gruppe allein für die Erreichung dieses Ziels verantwortlich ist und alle anderen außen vor bleiben. Unter den gegenwärtigen Umständen kann es sich niemand leisten, davon auszugehen, irgendjemand anderes würde unsere Probleme lösen; jeder von uns muss seinen Teil zur universellen Verantwortung beisteuern. Wenn auf diese Weise die Zahl von interessierten, verantwortlichen Individuen wächst – zehn, hundert, tausend oder sogar hunderttausend solcher Menschen –, wird dies sehr zur Verbesserung der allgemeinen Lage beitragen. Positive Veränderungen geschehen nicht schnell und bedürfen fortwährender Anstrengung. Wenn wir uns entmutigen lassen, erreichen wir möglicherweise nicht einmal die einfachsten Ziele. Mit beständigem, entschlossenem Bemühen lassen sich selbst die schwierigsten Ziele erreichen.

Eine Haltung universeller Verantwortung einzunehmen, geht uns alle ganz persönlich an. Ob wir tatsächlich Mitgefühl haben, zeigt sich nicht in dem, was wir in intellektuellen Diskussionen äußern, sondern darin, wie wir uns im Alltag konkret verhalten. Trotzdem sind bestimmte fundamentale Sichtweisen grundlegend, um ein selbstloses Verhalten einzuüben. Obwohl kein Regierungssystem perfekt ist, kommt die Demokratie dem Wesen des Menschen am nächsten. Daher müssen sich jene von uns, die in einer Demokratie leben, weiterhin für die Rechte aller Menschen einsetzen. Außerdem stellt die Demokratie die einzig stabile Grundlage dar, auf der eine globale politische Struktur aufgebaut werden kann. Um zusammenzuarbeiten, müssen wir das Recht aller Menschen und Nationen respektieren, ihre unverwechselbaren Charakterzüge und Werte beizubehalten.

Besonders große Anstrengungen sind im Bereich der internationalen Wirtschaft notwendig, um dort Mitgefühl zu etablieren. Ökonomische Ungleichheit, hauptsächlich jene zwischen den Industrie- und Entwicklungsländern, stellt nach wie vor die größte Ursache für das Leiden auf diesem Planeten dar.

Auch wenn es kurzfristig auf eine Schmälerung von Gewinnen hinausläuft, müssen große multinationale Firmen ihre Ausbeutung armer Länder begrenzen. Die wenigen kostbaren Ressourcen zu erschließen, die solchen Ländern gehören, nur um den Konsum in den Industrieländern zu schüren, hat katastrophale Auswirkungen. Wenn dies unkontrolliert weitergeht, werden wir schließlich alle darunter zu leiden haben. Schwache, beschränkte Wirtschaftssysteme zu stärken, ist eine weitaus bessere Strategie, um politische und wirtschaftliche Stabilität zu fördern. Es mag idealistisch klingen, aber Uneigennützigkeit sollte anstelle von bloßem Konkurrenzdenken und Profitstreben die treibende Kraft in der Wirtschaft sein.

Desgleichen brauchen wir auch im Bereich der modernen Wissenschaft ein erneuertes Bekenntnis zu menschlichen Werten. Obwohl der Hauptzweck der Wissenschaft darin besteht, mehr über die Wirklichkeit zu lernen, ist eins ihrer anderen Ziele die Verbesserung der Lebensqualität. Ohne selbstlose Motivation können Wissenschaftler nicht zwischen vorteilhaften, nutzbringenden Technologien und reinem Eigennutz unterscheiden. Die sich überall zeigende Umweltzerstörung ist das offensichtlichste Beispiel für diese Unordnung. Die richtige Motivation ist besonders in Bezug auf die Frage bedeutsam, wie mit der Vielzahl neuer Methoden im Bereich der Biotechnologie – mit deren Hilfe sich die Grundstrukturen des Lebens manipulieren lassen – umgegangen werden soll und wie sich dies wiederum regeln lässt. Wenn wir nicht jede unserer Handlungen auf eine ethische Grundlage stellen, laufen wir Gefahr, der empfindlichen Matrix des Lebens furchtbaren Schaden zuzufügen.

Auch die Religionen dieser Welt sind nicht von dieser Verantwortung ausgenommen. Der Sinn einer Religion besteht nicht darin, schöne Kirchen und Tempel zu bauen, sondern positive menschliche Qualitäten wie Toleranz, Großzügigkeit und Liebe zu entwickeln. Jede Weltreligion, gleichgültig welche philosophische Auffassung sie vertritt, gründet sich auf das Gebot, unsere Selbstbezogenheit zu verringern und anderen zu helfen. Unglücklicherweise verursachen Religionen manchmal mehr Konflikte, als sie lösen. Die Anhänger der verschiedenen Religionen sollten erkennen, dass jede religiöse Tradition für sich genommen einen enormen Wert hat und über Mittel und Wege verfügt, geistige und spirituelle Gesundheit zu fördern. Eine Religion kann nicht jeden zufriedenstellen, genauso wenig wie ein einzelnes Nahrungsmittel. Manche Menschen ziehen entsprechend ihrer jeweiligen geistigen Veranlagung aus dieser Lehre einen Nutzen, andere aus einer anderen. Jeder Glaube vermag gute, warmherzige Menschen hervorzubringen; und trotz ihres Eintretens für einander widersprechende Philosophien waren alle Religionen in dieser Hinsicht erfolgreich. Deshalb gibt es keinen Grund, sich an polarisierender religiöser Borniertheit und Intoleranz zu beteiligen, dafür aber jeden Grund, alle Formen spiritueller Praxis wertzuschätzen und zu respektieren.

Wir befinden uns in einer der schmerzlichsten Phasen der menschlichen Geschichte – in einer Zeit, in der durch den enormen Zuwachs des Zerstörungspotenzials der Waffen mehr Menschen unter Gewalt gelitten haben und gestorben sind als jemals zuvor. Außerdem sind wir Zeugen eines fast tödlichen Wettbewerbs zwischen grundlegenden Weltanschauungen, die immer schon die menschliche Gesellschaft auseinandergerissen haben: Macht und rohe Gewalt auf der einen, Freiheit, Pluralismus, persönliche Freiheit und Demokratie auf der anderen Seite. Ich glaube, dass die Folgen dieser großen Rivalität jetzt deutlich werden. Obwohl der gute, Menschlichkeit, Frieden und Demokratie repräsentierende Geist sich weiterhin vielen Formen der Tyrannei und des Bösen gegenübersieht, bleibt es trotzdem eine unbestreitbare Tatsache, dass der größte Teil der Menschen den Sieg dieses Geistes wünscht. Aus diesem Grund waren die Tragödien unserer Zeit nicht vollkommen nutzlos und in vielen Fällen das eigentliche Mittel, um eine Öffnung des menschlichen Geistes zu erwirken. Der Zusammenbruch des Kommunismus ist ein Beleg dafür.

Obwohl sich der Kommunismus für viele edle Ziele eingesetzt hat, Selbstlosigkeit eingeschlossen, hat sich der Versuch der herrschenden Eliten, Auffassungen zu diktieren, als katastrophal erwiesen. Diese Regierungen taten alles nur Erdenkliche, um den Informationsfluss innerhalb der Gesellschaft vollständig zu kontrollieren und ihr Erziehungssystem in einer Weise zu strukturieren, dass ihre Bürger für das Allgemeinwohl arbeiteten. Auch wenn in der Anfangsphase eine rigide Organisation nötig war, um die zuvor herrschenden Regime zu zerstören, hatte diese Organisationsform, nachdem dieses Ziel erreicht war, nur wenig zum Aufbau einer nützlichen menschlichen Gesellschaft beizutragen. Der Kommunismus versagte völlig, weil er sich auf Zwang und Gewalt stützte, um seine Überzeugungen durchzusetzen. Schließlich sperrte sich die menschliche Natur gegen das in der Folge entstandene Leiden.

Rohe Gewalt, gleichgültig wie konsequent sie angewendet wird, kann niemals den grundlegenden Wunsch des Menschen nach Freiheit beugen. Die Hunderttausenden von Menschen, die in den Städten Osteuropas marschierten, sind der Beweis. Sie brachten schlicht das menschliche Bedürfnis nach Freiheit und Demokratie zum Ausdruck. Es war sehr bewegend. Ihre Forderungen hatten in keiner Weise etwas mit einer neuen Form von Ideologie zu tun; diese Menschen sprachen aus dem Herzen, sie teilten ihre Sehnsucht nach Freiheit und bewiesen so, dass diese Sehnsucht in der Natur des Menschen liegt. Freiheit ist in Wirklichkeit die eigentliche Quelle von Kreativität, nicht nur des Einzelnen, sondern auch der Gesellschaft. Das Kommunistische System war davon ausgegangen, es würde ausreichen, die Menschen lediglich mit Nahrung, Unterkunft und Kleidung zu versorgen. Doch das ist nicht genug. Wenn wir über all diese Dinge verfügen, es uns aber an dem kostbaren Gut der Freiheit mangelt, das unser eigentliches Wesen lebendig hält, dann sind wir nur halbe Menschen; wir sind nichts anderes als Tiere, denen es genügt, ihre bloß körperlichen Bedürfnisse zu befriedigen.

Ich glaube, dass uns die friedlichen Revolutionen in der früheren Sowjetunion und Osteuropa sehr viel gelehrt haben. Eines ist der Wert der Wahrheit. Menschen mögen es nicht, eingeschüchtert, betrogen und angelogen zu werden, weder von einzelnen Menschen noch einem System. Derartige Handlungen widersprechen dem Wesen des menschlichen Geistes. Aus diesem Grund werden diejenigen, die betrügen und Gewalt anwenden und damit kurzfristig vielleicht enorm erfolgreich sind, letzten Endes gestürzt werden.

Auf der anderen Seite ist die Wahrheit für jeden ein kostbares Gut, und die Achtung vor ihr liegt in unserer Natur. Wahrheit ist die beste Garantie und die eigentliche Grundlage für Freiheit und Demokratie. Es ist ohne Bedeutung, ob Sie schwach oder mächtig sind, ob Ihre Sache viele oder wenige Anhänger hat; die Wahrheit wird stets siegen. Die Tatsache, dass die erfolgreichen Freiheitsbewegungen von 1989 und danach darauf beruhten, dass Menschen ihre wesentlichen Gefühle zum Ausdruck brachten, mahnt uns in besonderer Weise, dass es in einem Großteil unseres politischen Lebens ernsthaft an Wahrhaftigkeit mangelt.

Besonders im Bereich internationaler Beziehungen gibt es sehr wenig Respekt vor der Wahrheit. Unvermeidlich werden schwächere Länder von den starken manipuliert und beherrscht, genau wie die schwächeren Bereiche der meisten Gesellschaften unter den reicheren und mächtigeren zu leiden haben. Obwohl es in der Vergangenheit gewöhnlich als unrealistisch abgelehnt wurde, einfach die Wahrheit auszudrücken, haben die vergangenen Jahre bewiesen, dass dies eine enorme Kraft im menschlichen Geist einwickeln kann und in seiner Wirkung den Gang der Geschichte beeinflusst.

Das zweite, was wir von Osteuropa lernen können, ist die Möglichkeit eines friedlichen Wandels. In der Vergangenheit wandten die unterdrückten Menschen in ihrem Freiheitskampf häufig Gewalt an. Jetzt, in der Nachfolge von Mahatma Gandhi und Martin Luther King Jr., bieten diese friedlichen Revolutionen künftigen Generationen das wundervolle Beispiel eines erfolgreichen gewaltlosen Wandels. Falls zukünftig erneut grundlegende Veränderungen notwendig sein sollten, werden unsere Nachfahren auf die Gegenwart als Vorbild eines friedlichen Kampfes zurückblicken können – eine wirkliche Erfolgsgeschichte in bislang unbekanntem Ausmaß, bei der mehr als ein Dutzend Nationen und Hunderte Millionen von Menschen beteiligt waren. Außerdem haben die jüngsten Ereignisse gezeigt, dass der Wunsch nach Frieden und Freiheit in der Natur des Menschen liegt und dass Gewalt dessen völliges Gegenteil ist.

Meiner Ansicht nach ist es von entscheidender Bedeutung, das Problem der Gewalt anzusprechen. Dessen Beseitigung bildet auf jeder Ebene die notwendige Bedingung für den Weltfrieden und stellt letztendlich das Ziel jeder internationalen Ordnung dar.

Die Medien berichten täglich über Terrorismus, Kriminalität und Gewalt. Ich war bisher noch in keinem Land, in dem nicht schreckliche Geschichten über Tod und Blutvergießen die Zeitungen und Fernsehkanäle gefüllt hätten. Solche Nachrichten sind fast zu einer Sucht geworden, sowohl der Journalisten als auch des Publikums. Aber die überwältigende Mehrheit der Menschheit verhält sich nicht zerstörerisch; nur sehr wenige der über fünf Milliarden Menschen auf diesem Planeten verüben tatsächlich Gewalttaten. Die meisten von ihnen ziehen es vor, so friedlich wie möglich zu leben.

Im Grunde genommen ziehen wir alle Ruhe und Gelassenheit vor, selbst jene von uns, die Gewalt ausüben.

Wenn der Frühling kommt, werden die Tage länger, es gibt mehr Sonnenschein, das Gras und die Bäume erwachen zu neuem Leben, und alles wirkt sehr frisch. Die Menschen fühlen sich glücklich. Im Herbst fällt ein Blatt nach dem anderen, dann sterben all die wunderschönen Blumen, bis wir umgeben sind von kahlen Pflanzen. Unser Gefühl der Freude verschwindet. Warum ist das so? Weil wir uns tief in unserem Herzen nach dem Schöpferischen, nach fruchtbringendem Wachstum sehnen und es nicht mögen, wenn etwas zusammenbricht, stirbt oder zerstört wird. Jede zerstörerische Handlung widerspricht unserer eigentlichen Natur; aufzubauen, schöpferisch zu sein liegt im Wesen des Menschen.

Ich bin sicher, dass jeder von uns darin übereinstimmt, dass wir Gewalt überwinden müssen. Wenn wir sie vollständig beseitigen wollen, sollten wir aber zuerst untersuchen, ob ihr ein Wert zukommt oder nicht. Betrachten wir diese Frage unter rein praktischen Gesichtspunkten, werden wir zu dem Schluss gelangen, dass Gewalt unter bestimmten Umständen durchaus nützlich zu sein scheint. Man kann ein Problem durch Gewalt sehr schnell lösen. Gleichzeitig geht dieser Erfolg jedoch zulasten der Rechte und des Wohlergehens von anderen. Auch wenn das Problem gelöst ist, wurde dennoch der Same eines nächsten Problems gesät.

Beruht eine Sache dagegen auf vernünftigem, klarem Denken, macht es keinen Sinn, Gewalt anzuwenden. Jene, die keine andere Motivation als selbstsüchtiges Interesse kennen und unfähig sind, ihr Ziel mithilfe logischen

Denkens zu erreichen, verlassen sich auf Gewalt und Zwang. Diejenigen, die über stichhaltige Argumente verfügen, können diese eines nach dem anderen anführen und ihr Anliegen Punkt für Punkt überzeugend begründen, auch wenn Familie und Freunde anderer Meinung sind. Die anderen, denen es an vernünftigen Gründen mangelt, werden hingegen rasch Opfer ihres Ärgers. Darum ist Ärger kein Zeichen von Stärke, sondern von Schwäche. Letzten Endes ist es wichtig, die eigene Motivation und die seines Gegners zu überprüfen.

Es gibt viele Formen der Gewalt und der Gewaltlosigkeit, aber sie lassen sich nicht allein auf der Grundlage äußerer Faktoren unterscheiden. Sobald die Motivation einer Person negativ ist, wird die daraus entstehende Handlung gewalttätig sein, auch wenn sie sanft und freundlich wirkt. Ist die Motivation umgekehrt aufrichtig und positiv, die Umstände aber erfordern ein hartes und rücksichtsloses Verhalten, handelt man in Wirklichkeit gewaltlos. Gleichgültig, um was für eine Sache es sich handelt, glaube ich, dass sich Gewalt nur durch die mitfühlende Sorge für das Wohlergehen anderer rechtfertigen lässt. Ernsthafte Gewaltlosigkeit ist auf unserer Erde noch eine Art Experiment, aber das Streben danach, auf der Grundlage von Liebe und Verstehen, ist heilig. Wenn dieses Experiment gelingt, kann es das Tor zu einer weit friedlicheren Welt sein.

Ich habe im Westen gelegentlich die Behauptung gehört, Gandhis langfristig angelegter, auf gewaltlosem passivem Widerstand beruhender Kampf eigne sich nicht für alle Menschen und eine derartige Vorgehensweise entspreche eher dem Osten. Weil Westler aktiver sind, neigen sie dazu, in jeder Situation sofort ein Ergebnis sehen zu wollen, sogar auf Kosten ihres Lebens. Diese Herangehensweise ist meiner Ansicht nach nicht immer von Vorteil. Dagegen eignet sich die Übung von Gewaltlosigkeit für jeden. Sie erfordert einfach Entschlossenheit. Auch wenn die Freiheitsbewegungen in Osteuropa ihre Ziele schnell erreicht haben, erfordert gewaltloser Protest seiner Natur nach üblicherweise Geduld.

Vor diesem Hintergrund bete ich, dass alle, die sich an der Demokratiebewegung in China beteiligen, trotz ihrer brutalen Unterdrückung und dem schwierigen Kampf, dem sie sich gegenübersehen, stets friedliebend bleiben. Ich bin zuversichtlich, dass sie es bleiben werden. Obwohl die Mehrheit der beteiligten jungen chinesischen Studenten in der Zeit einer besonders strengen Form des Kommunismus geboren und erzogen wurden, wendeten sie im Frühjahr 1989 spontan Mahatma Gandhis Strategie des passiven Widerstandes an. Das ist bemerkenswert und zeigt deutlich, dass letztlich alle Menschen den Weg des Friedens gehen wollen, gleichgültig wie stark sie indoktriniert worden sind.

Ich betrachte Tibet als etwas, das ich früher als „Zone des Friedens“ bezeichnet habe: einen neutralen, entmilitarisierten und heiligen Ort, an dem Waffen verboten sind und die Menschen in Harmonie mit der Natur leben. Dies ist nicht nur ein bloßer Traum – es ist genau die Art und Weise, wie die Tibeter vor der Invasion des Landes über tausend Jahre lang versuchten zu leben. Wie jeder weiß, war die gesamte Tier- und Pflanzenwelt gemäß den buddhistischen Prinzipien streng geschützt. Auch verfügen wir seit mindestens 300 Jahren über keine eigentliche Armee. Tibet gab die Kriegsführung als Instrument der nationalen Politik nach der Herrschaft unserer drei großen religiösen Könige im 6. und 7. Jahrhundert auf.

Zur Frage, ob sich entmilitarisierte regionale Gemeinschaften bilden könnten, möchte ich den Vorschlag machen, das „Herz" jeder Gemeinschaft durch eine oder mehrere Nationen zu bilden, die sich entschlossen haben, sich zu einer Friedenszone zu vereinigen; Gebiete, in denen es untersagt ist, militärisch zu agieren. Auch dies ist nicht nur ein bloßer Traum. Im Dezember 1948 löste Costa Rica seine Armee auf. 1989 stimmten 37 Prozent der Schweizer Bevölkerung für die Auflösung ihrer Streitkräfte. Wenn die Menschen eine derartige Entscheidung treffen, kann eine Nation radikale Schritte in Richtung einer grundlegenden Veränderung gehen.

Friedenszonen innerhalb regionaler Gemeinschaften können Oasen der Stabilität darstellen. Während sie sich auf angemessene Weise an den Kosten für eine kollektive Streitmacht der Gemeinschaft beteiligen, wären diese Zonen Vorläufer und Leuchtfeuer einer vollkommen friedlichen Welt und von der Beteiligung an jeglichem Konflikt ausgenommen. Entwickeln sich regionale Gemeinschaften in Asien, Südamerika und Afrika und schreitet die Entwaffnung voran, indem sich eine internationale

Truppe aus allen Regionen bildet, dann werden diese Friedenszonen wachsen können, und als Folge wird sich Ruhe und Frieden ausbreiten.

Ich habe die Vereinten Nationen in dieser gegenwärtig wichtigen Diskussion nicht erwähnt, da sie nicht nur für ihr Engagement, eine bessere Welt zu schaffen, sondern auch für ihr großes Potenzial in dieser Hinsicht allseits bekannt sind. Ihrer Definition nach haben die Vereinten Nationen die Aufgabe, im Zentrum jeder sich ereignenden bedeutenden Veränderung zu agieren. Dessen ungeachtet sollten sie ihre Struktur zukünftig ändern. Von jeher galt meine größte Hoffnung den Vereinten Nationen, und ohne dabei Kritik üben zu wollen, möchte ich einfach auf die Tatsache hinweisen, dass sich das Klima seit der Zeit nach dem Zweiten Weltkrieg, in der ihre Charta entworfen wurde, verändert hat. Mit dieser Veränderung hat sich die Gelegenheit ergeben, die U.N. weiter zu demokratisieren, besonders den in gewisser Weise exklusiven Sicherheitsrat mit seinen fünf ständigen Mitgliedern, der durch weitere Mitglieder gestärkt werden sollte.

Ich blicke optimistisch in die Zukunft. Einige der jüngsten Entwicklungen deuten auf die Möglichkeit einer besseren Welt hin. Bis in die späten 50er- und 60er-Jahre waren die Menschen überzeugt, es sei ein unabwendbares Schicksal der Menschheit, Kriege zu führen. Besonders der Kalte Krieg verstärkte die Vorstellung, sich widersprechende politische Systeme könnten einander lediglich bekämpfen, nicht aber in produktiver Weise miteinander konkurrieren oder gar zusammenarbeiten. Nur wenige sind noch dieser Überzeugung. Heutzutage sorgen sich Menschen auf der ganzen Welt aufrichtig um den Weltfrieden. Sie sind weniger an der Durchsetzung von Ideologien interessiert und fühlen sich weit mehr dem Gedanken einer friedlichen Koexistenz verpflichtet. Hier handelt es sich um eine Entwicklung von großer Wichtigkeit.

In gleicher Weise waren die Menschen Tausende Jahre lang davon überzeugt, nur eine autoritäre Organisation, die rigide Methoden anwendet, um die Disziplin aufrechtzuerhalten, sei in der Lage, die menschliche Gesellschaft zu regieren. Jedoch besitzen Menschen eine angeborene Sehnsucht nach Freiheit und Mitbestimmung, und diese beiden Bestrebungen standen im Konflikt miteinander. Heute ist klar, welche der beiden gewonnen hat. Gewaltfreie Menschenrechtsbewegungen haben unbestreitbar gezeigt, dass die menschliche Rasse Tyrannei weder tolerieren noch unter ihrer Herrschaft richtig funktionieren kann. Diese Erkenntnis stellt einen bemerkenswerten Fortschritt dar.

Eine weitere hoffnungsvoll stimmende Entwicklung ist die wachsende Annäherung von Wissenschaft und Religion. Das gesamte 19. Jahrhundert hindurch sowie einen großen Teil des 20. Jahrhunderts waren die Menschen zutiefst verwirrt über den Konflikt zwischen diesen beiden sich offensichtlich widersprechenden Weltsichten. Heutzutage haben Physik, Biologie und Psychologie derart subtile Ebenen erreicht, dass viele Forscher damit beginnen, grundlegende Fragen über die letztendliche Natur des Universums und des Lebens zu stellen, dieselben Fragen, die das Hauptinteresse der Religionen bilden. Aus diesem Grund besteht jetzt die echte Chance für eine einheitlichere Sicht. Besonders ein neues Konzept bezüglich des Verhältnisses von Geist und Materie scheint sich herauszubilden. Der Osten hat sich stärker damit beschäftigt, den Geist verstehen zu wollen, der Westen mit der Erforschung der Materie. Die gegenwärtige Begegnung von Ost und West könnte der Anfang einer Annäherung von spiritueller und materialistischer Sichtweise sein.

Der rapide Wandel hinsichtlich unserer Einstellung gegenüber unserer Erde gibt ebenso Anlass zur Hoffnung. In den vergangenen 10 bis 15 Jahren verbrauchten wir gedankenlos ihre Ressourcen, so als ob sie unerschöpflich seien. Gegenwärtig suchen nicht nur Einzelpersonen, sondern auch Regierungen nach einer neuen ökologischen Ordnung. Ich scherze oft, dass der Mond und die Sterne zwar wunderschön aussehen, aber wenn ein paar von uns Menschen auf ihnen leben müssten, würde es schiefgehen. Dieser unser blauer Planet ist der herrlichste Lebensraum, den wir kennen. Sein Leben ist unser Leben, seine Zukunft ist unsere Zukunft. Und obwohl ich nicht glaube, dass die Erde an sich ein fühlendes Wesen ist, handelt sie tatsächlich wie unsere Mutter; und wie Kinder sind wir von ihr abhängig. Mutter Natur ruft uns jetzt auf, zusammenzuarbeiten. Angesichts derartiger globaler Probleme wie dem Treibhauseffekt und der zerstörten Ozonschicht sind einzelne Organisationen und Nationen hilflos. Wenn wir nicht alle zusammenarbeiten, wird keine Lösung gefunden werden. Unsere Mutter erteilt uns Unterricht in universeller Verantwortung.

Ich denke, die Hoffnung ist berechtigt, dass dieses Jahrhundert freundlicher und harmonischer sein sowie weniger Schaden bewirken wird, weil wir aufgrund der beschriebenen Lehren begonnen haben zu verstehen. Mitgefühl, der Keim des Friedens, wird fähig sein zu wachsen. Ich bin voller Hoffnung. Gleichzeitig glaube ich, dass jeder Einzelne von uns die Verantwortung hat, unserer globalen Familie zu helfen, ihr den Weg in die richtige Richtung zu weisen. Gute Wünsche sind nicht genug; wir müssen Verantwortung übernehmen. Große Menschheitsbewegungen entspringen der Initiative einzelner Menschen. Wenn Sie das Gefühl haben, Sie könnten nicht viel bewirken, wird auch der Nächste sich entmutigt fühlen, und eine große Chance ist vertan. Vielmehr kann jeder von uns andere inspirieren, indem er einfach daran arbeitet, die eigene selbstlose Motivation auszubilden.

Ich bin sicher, dass viele aufrichtige, ernsthafte Menschen auf der ganzen Welt diese Einstellung, die ich hier beschreibe, bereits haben. Unglücklicherweise hört ihnen niemand zu. Obwohl meine Stimme vielleicht genauso unbeachtet bleiben wird, denke ich, dass ich versuchen sollte, in ihrem Namen zu sprechen. Natürlich könnten manche Menschen denken, es sei für den Dalai Lama anmaßend, auf diese Weise zu schreiben. Aber seit ich den Friedensnobelpreis erhalten habe, fühle ich mich verantwortlich, dies zu tun. Hätte ich einfach das Preisgeld genommen und nach meinem Gutdünken verteilt, würde es aussehen, als ob ich all die netten Worte nur gesagt hätte, um den Preis zu bekommen! Jetzt jedoch, wo ich ihn erhalten habe, muss ich die mir erwiesene Ehre zurückzahlen, indem ich meine schon immer zum Ausdruck gebrachte Meinung weiterhin vertrete und befürworte.

Ich persönlich glaube fest daran, dass Einzelpersonen eine Veränderung in der Gesellschaft bewirken können. Weil Perioden großer Veränderungen wie die gegenwärtige in der menschlichen Geschichte nur selten sind, liegt es an uns, aus der uns gegebenen Zeit den größten Nutzen zu ziehen, damit eine glücklichere Welt möglich wird.

Zwölftes Kapitel

Wissenschaft am Wendepunkt

Das folgende Kapitel beruht auf einem Vortrag, den S. H. der Dalai Lama anlässlich des jährlichen Treffens der Gesellschaft für Neurowissenschaften am 12. November 2005 in Washington, D. C. hielt.

In den letzten paar Jahrzehnten wurden wir Zeugen gewaltiger Fortschritte in der Erforschung des menschlichen Gehirns und des menschlichen Körpers. Außerdem ist es aufgrund neuer Entwicklungen im Bereich der Genetik gelungen, die Erkenntnisse der Neurowissenschaft hinsichtlich der Arbeitsweise von Organismen bis hin zur Entschlüsselung des Genoms auszuweiten. Dies hat zu unvorhergesehenen technischen Möglichkeiten geführt, die Grundstruktur des Lebens manipulierbar zu machen. Dadurch ist die Wahrscheinlichkeit entstanden, für die gesamte Menschheit vollständig neue Wirklichkeiten zu schaffen. Heutzutage ist die Frage, ob Wissenschaft und Humanitätsideal vereinbar sind, nicht länger allein von akademischem Interesse; alle, die sich um das Schicksal und den Fortbestand der menschlichen Rasse sorgen, sollten sich dieser Frage mit großer Dringlichkeit annehmen. Aus diesem Grund bin ich der Meinung, dass der Dialog zwischen den Neurowissenschaften und der Gesellschaft von nachhaltigem Nutzen sein kann, da er uns hilft, unser grundlegendes Verständnis zu vertiefen, was es heißt, ein Mensch zu sein. Darüber hinaus schafft er ein größeres Bewusstsein für unsere Verantwortung gegenüber der Natur, die wir mit anderen fühlenden Wesen teilen. Ich bin sehr froh darüber, dass infolge dieser enger gewordenen Verbindung unter einigen Neurowissenschaftlern das Interesse wächst, sich an einem ernsthaften Austausch mit buddhistischen kontemplativen Disziplinen zu beteiligen.

Obwohl mein eigenes Interesse an der Wissenschaft mit der Neugier eines in Tibet aufwachsenden, rastlosen kleinen Jungen begann, dämmerte mir nach und nach die ungeheure Bedeutung von Wissenschaft und Technik für das Verstehen der modernen Welt. Nicht nur habe ich mich darum bemüht, bestimmte wissenschaftliche Theorien zu verstehen, sondern ich habe auch versucht, die weiteren Implikationen zu erforschen, die sich durch den Zuwachs an Wissen und der durch die Wissenschaft bewirkten technologischen Möglichkeiten ergeben haben. Im Laufe der Jahre habe ich mich besonders intensiv mit Theorien aus dem Bereich der subatomaren Physik, der Kosmologie, der Biologie und der Psychologie beschäftigt. Mein beschränktes Wissen auf diesen Gebieten verdanke ich Carl von Weizsäcker und dem verstorbenen David Bohm, meinen Lehrern im Bereich der Quantenmechanik, sowie den verstorbenen Robert B. Livingston und Francisco Varela auf dem Gebiet der Biologie, besonders der Neurowissenschaften. Diese Menschen haben mir viele Stunden ihrer Zeit geschenkt. Ich danke außerdem den zahlreichen bedeutenden Wissenschaftlern; ich hatte das Privileg, mich an deren Gesprächen beteiligen zu dürfen. Dies geschah unter der Schirmherrschaft des *Mind and Life Institute* und den von ihnen ins Leben gerufenen Konferenzen, die erstmals 1987 an meinem Wohnort im indischen Dharamsala stattgefunden haben. Diese Gespräche wurden über die Jahre fortgesetzt, und kürzlich ging die letzte Konferenz hier in Washington zu Ende.

Einige mögen sich verwundert fragen: „Warum hat ausgerechnet ein buddhistischer Mönch ein so großes Interesse an der Wissenschaft? Welche Beziehung könnte es geben zwischen dem Buddhismus, einer alten philosophischen und spirituellen Tradition aus Indien, und der modernen Wissenschaft? Welcher mögliche Nutzen könnte für wissenschaftliche Disziplinen wie die Neurowissenschaft entstehen, wenn sie sich an einem Gespräch mit der buddhistischen kontemplativen Tradition beteiligen würden?"

Obwohl sich die buddhistische kontemplative Tradition und die moderne Wissenschaft aus unterschiedlichen historischen, geistigen und kulturellen Wurzeln heraus entwickelt haben, glaube ich, dass sie im Grunde wesentliche Gemeinsamkeiten teilen, besonders in Bezug auf ihre grundlegende philosophische Einstellung und den methodischen Ansatz.

Auf der philosophischen Ebene teilen der Buddhismus und die moderne Wissenschaft ein tief verwurzeltes Misstrauen gegenüber jeder Idee von etwas Absolutem, sei es der Begriff eines transzendenten Wesens, die Vorstellung eines ewigen, unwandelbaren Prinzips wie die Seele oder einer der Realität zugrundeliegenden Substanz. Sowohl der Buddhismus als auch die Wissenschaft bevorzugen eine Erklärung der Evolution und der Entstehung des Kosmos unter Rückgriff auf die komplexen Wechselbeziehungen zwischen Ursache und Wirkung. In Bezug auf den methodischen Ansatz betonen beide Traditionen, wie wichtig ein auf Erfahrung beruhendes Wissen ist. Zum Beispiel wird in der buddhistischen Forschungstradition – unter den drei anerkannten Wissensquellen Erfahrung, Denken und Aussagen anderer Personen – der Erfahrung im Hinblick auf ihre Beweiskraft der Vorrang gegeben, danach folgt an zweiter Stelle das Denken und an dritter Stelle stehen die Aussagen anderer Personen. Dies bedeutet, dass in der buddhistischen Untersuchung der Realität, zumindest im Prinzip, empirische Beweise über der Autorität von Schriften stehen sollten, ohne Rücksicht darauf, wie sehr eine Schrift verehrt wird. Selbst in Bezug auf Wissen, das durch Denken beziehungsweise Schlussfolgern gewonnen wird, muss dessen Gültigkeit letztlich auf der Grundlage von tatsächlich beobachtbaren Erfahrungen beruhen. Aufgrund dieses methodischen Standpunktes habe ich gegenüber meinen buddhistischen Kollegen mehrfach angemerkt, dass die empirisch überprüften Einsichten der modernen Kosmologie und Astronomie uns jetzt dazu zwingen, zahlreiche Aspekte der traditionellen Kosmologie, wie man sie in den alten buddhistischen Texten findet, zu modifizieren oder in manchen Fällen zurückzuweisen.

Das Hauptmotiv, das der buddhistischen Untersuchung der Realität zugrunde liegt, ist die Suche nach einem Weg, das Leiden zu überwinden und die menschliche Natur zu vervollkommnen. Darum hat sich die buddhistische Forschungstradition hauptsächlich damit befasst, den menschlichen Geist und seine Funktionen verstehen zu wollen. Dahinter steht die Annahme, dass tiefere Einsichten in die Psyche des Menschen Wege eröffnen, unser Denken, unsere Emotionen sowie deren zugrunde liegende Tendenzen transformieren zu können, damit ein heilsames und erfülltes Leben möglich wird. In diesem Zusammenhang ist in der buddhistischen Tradition nicht nur eine umfassende Klassifikation mentaler Zustände erdacht worden, sondern auch meditative Techniken, um bestimmte geistige Qualitäten zu kultivieren und zu verbessern. Auf diese Weise kann ein echter Austausch zwischen dem angesammelten Wissen und der Erfahrung der buddhistischen Tradition und der modernen Wissenschaft stattfinden. Eine Vielzahl den menschlichen Geist betreffende Fragestellungen – von Kognition über Emotionen bis hin zu einem Verstehen der dem menschlichen Gehirn innewohnenden Fähigkeit zur Transformation – kann nicht nur äußerst interessant, sondern wahrscheinlich auch von großem Nutzen sein. Die Gespräche mit Neurowissenschaftlern und Psychologen über Themen wie die Natur und Funktion von positiven und negativen Emotionen, Aufmerksamkeit, Vorstellung sowie die Plastizität des Gehirns haben mich sehr bereichert. Der beeindruckende Nachweis von Neurowissenschaft und Medizin, dass die einfache körperliche Berührung in den ersten Lebenswochen entscheidenden Einfluss auf die neuronale Entwicklung des kindlichen Gehirns hat, verdeutlicht in beeindruckender Weise die enge Verbindung zwischen Mitgefühl und menschlichem Glück.

Der Buddhismus vertritt seit Langem die Auffassung,

dass der menschliche Geist die großartige Fähigkeit zur Transformation besitzt, die zu seiner Natur gehört. Zu diesem Zweck wurde eine Vielzahl kontemplativer Techniken beziehungsweise Meditationsübungen entwickelt, die sich besonders auf das Erreichen zweier Ziele richten: die Kultivierung eines mitfühlenden Herzens und die Entwicklung tiefer Einsichten in das eigentliche Wesen der Realität, welche eine Vereinigung von Mitgefühl und Weisheit darstellt.

Im Mittelpunkt dieser Meditationsübungen stehen zwei Schlüsseltechniken: auf der einen Seite die Verfeinerung der Aufmerksamkeit und deren konstante Aufrechterhaltung, auf der anderen Seite die Regulation und Transformation von Emotionen. Ich denke, dass in beiden Fällen viele Möglichkeiten zur Zusammenarbeit zwischen der buddhistischen kontemplativen Richtung und der Neurowissenschaft gegeben sind.

Die moderne Neurowissenschaft hat zum Beispiel ein reiches Verständnis der Hirnfunktionen ermöglicht, die sowohl mit der Fähigkeit zur Aufmerksamkeit als auch mit Emotionen in Verbindung gebracht werden. Die buddhistische kontemplative Tradition bietet dagegen praktische Techniken zur Verfeinerung der Aufmerksamkeit sowie zur Regulation und Transformation von Gefühlen an, die sie während der langen Geschichte ihres Interesses an der Schulung des Geistes entwickelte. Die Begegnung zwischen moderner Neurowissenschaft und buddhistischer kontemplativer Schulung könnte daher Einsichten ermöglichen, wie zielgerichtete mentale Aktivitäten auf neuronale Verschaltungen im Gehirn wirken, welche als wesentlich für bestimmte mentale Prozesse erkannt wurden.

Zumindest könnte eine solche interdisziplinäre Begegnung dazu beitragen, in vielen zentralen Bereichen Fragen von entscheidender Bedeutung aufzuwerfen. Verfügen beispielsweise Individuen über eine feststehende Kapazität der Regulation ihrer Emotionen und Aufmerksamkeit? Oder ist, wie von der buddhistischen Tradition behauptet wird, das Regulationspotenzial dieser Prozesse in hohem Maße offen für Veränderungen? Folgt daraus, wie angenommen wird, ein hohes Maß an Möglichkeiten, die mit dem Verhalten und dem Gehirn verbundenen Funktionen zu verändern?

Ein Bereich, in dem die buddhistische kontemplative Tradition einen wichtigen Beitrag leisten kann, sind die von ihr entwickelten praktischen Methoden zur Schulung des Mitgefühls. Im Hinblick auf die geistige Schulung sowohl der Aufmerksamkeit als auch der Regulation von Emotionen ist es ebenfalls von entscheidender Bedeutung, die Frage zu stellen, ob für irgendeine der konkreten Techniken zeitlich empfindliche Phasen gelten, damit die neuen Methoden passgenau auf Alter, Gesundheitszustand und andere variable Faktoren zugeschnitten werden können.

Allerdings ist auch ein Hinweis zur Vorsicht angebracht. Wenn zwei radikal verschiedene Untersuchungsrichtungen wie der Buddhismus und die moderne Neurowissenschaft in einen interdisziplinären Dialog treten, ist es unvermeidlich, dass Probleme auftauchen, die einen Austausch über kulturelle und disziplinäre Grenzen hinweg normalerweise begleiten.

Wenn wir zum Beispiel von einer „Meditationswissenschaft" sprechen, müssen wir uns bewusst sein, was mit einer solchen Formulierung genau gemeint ist. Vonseiten der Wissenschaftler ist es meiner Meinung nach wichtig, genau auf die verschiedenen Nebenbedeutungen und den traditionellen Kontext eines solchen wichtigen Begriffs wie *Meditation* zu achten. Beispielsweise wird Meditation in der buddhistischen Tradition *bhavana* (Sanskrit) oder *gom* (Tibetisch) genannt. Der Sanskritbegriff schließt die Idee des Kultivierens mit ein, so wie man eine bestimmte Verhaltensweise oder Art zu sein kultiviert, während der tibetische Ausdruck *gom* als Nebenbedeutung das Kultivieren von Vertrautheit miteinschließt. Also bezieht sich der Ausdruck Meditation in der buddhistischen Tradition kurz gefasst auf einen bewussten Zustand des Geistes, der das Kultivieren von Vertrautheit miteinschließt, sei es mit einem gewählten Gegenstand, Thema, einem Verhalten, einer Anschauung oder einer Art zu sein.

Allgemein gesagt gibt es zwei Kategorien von Meditationsübungen – eine, die sich auf die Beruhigung des Geistes richtet, und eine andere, die sich auf die kognitiven Prozesse des Verstehens konzentriert. Die beiden werden als (i) stabilisierende Meditation und (ii) als diskursive Meditation bezeichnet. In beiden Fällen kann die Meditation viele verschiedene Formen annehmen. Beispielsweise kann eine ihrer Formen darin bestehen, etwas zum Gegenstand der Erkenntnis zu machen, wie das Meditieren über die eigene Vergänglichkeit. Oder sie hat die Kultivierung eines bestimmten geistigen Zustandes – etwa Mitgefühl, um über tiefempfundene, von Eigennutz befreite Sehnsucht das Leiden anderer zu mildern – zum Gegenstand. Oder sie nimmt die Form der Visualisierung an, indem das menschliche Potenzial geistiger Vorstellungskraft erkundet und auf verschiedene Weise dazu benutzt werden kann, geistige Gesundheit zu erreichen.

Deshalb ist es im Rahmen einer gemeinsamen Forschung entscheidend, sich darüber klar zu werden, welche spezifische Meditationsform untersucht wird, damit die Komplexität der zu studierenden Meditationsübungen dem hohen Entwicklungsstand der wissenschaftlichen Forschung entspricht.

Ein weiterer Bereich, in dem eine differenzierte Sichtweise vonseiten der Wissenschaft erforderlich ist, ist die Notwendigkeit, zwischen den empirischen Anteilen des buddhistischen Denkens beziehungsweise der kontemplativen Praxis und den mit diesen meditativen Übungen verbundenen philosophischen und metaphysischen Annahmen zu unterscheiden. Anders gesagt, so wie man im Bereich wissenschaftlicher Forschung zwischen theoretischen Annahmen, auf Versuchen basierenden empirischen Beobachtungen und darauffolgender Interpretation unterscheiden muss, so ist es in gleicher Weise von entscheidender Bedeutung, im Buddhismus zwischen Hypothesen, experimentell überprüfbaren Charakteristika mentaler Zustände und nachfolgenden philosophischen Interpretationen zu trennen. Auf diese Weise können beide Dialogpartner die gemeinsame Ebene empirischer, beobachtbarer Fakten bezüglich des menschlichen Geistes finden, ohne dabei der Versuchung anheimzufallen, die jeweils andere Disziplin auf das eigene Grundgerüst zu reduzieren.

Obwohl sich die philosophischen Voraussetzungen und die folgenden begrifflichen Interpretationen zwischen den beiden Forschungstraditionen unterscheiden können, müssen, insofern es sich um empirische Tatsachen handelt, Tatsachen auch Tatsachen bleiben, gleichgültig welchen Weg man wählt, um diese zu beschreiben. Worin auch immer die Natur des Bewusstseins letztlich besteht – ob es sich auf physiologische Prozesse reduzieren lässt oder nicht –, meiner Ansicht nach ist ein gemeinsames Verstehen der experimentell gewonnenen Fakten über verschiedene Aspekte unserer Wahrnehmung, Gedanken und Emotionen möglich.

Unter Beachtung dieser zur Vorsicht mahnenden Überlegungen kann meiner Meinung nach eine enge Zusammenarbeit zwischen diesen Forschungstraditionen wirklich dazu beitragen, das menschliche Wissen über die komplexe Welt innerer subjektiver Erfahrung, die wir Geist nennen, zu erweitern. Der Nutzen einer solchen Zusammenarbeit beginnt bereits sichtbar zu werden. Gemäß der vorbereitenden Überlegungen lassen sich die Wirkungen der Geistesschulung – wie die einfache und regelmäßige Übung von Achtsamkeit oder die sorgfältige Ausbildung von Mitgefühl, wie es im Buddhismus entwickelt worden ist – als beobachtbare Veränderungen der entsprechenden positiven geistigen Zustände im menschlichen Gehirn messen.

Neueste Erkenntnisse der Neurowissenschaft haben die angeborene Plastizität des Gehirns bewiesen – sowohl in Bezug auf synaptische Verbindungen als auch auf der Ebene der Entstehung neuer Neuronen –, die durch äußere Stimuli wie freiwillige körperliche Übungen und eine bereichernde Umgebung bewirkt werden kann. Die buddhistische kontemplative Tradition kann helfen, dieses Feld wissenschaftlicher Forschung zu erweitern, indem sie Formen der Geistesschulung vorschlägt, die gleichfalls den Aspekt der Neuroplastizität betreffen. Falls sich herausstellen sollte – wie die buddhistische Tradition annimmt –, dass geistige Übungen beobachtbare synaptische und neuronale Veränderungen bewirken, dann könnte dies weitreichende Implikationen haben.

Das Ergebnis einer solchen Forschung wird nicht einfach aus einem ausgeweitetem Wissen über den menschlichen Geist bestehen, sondern es könnte, was vielleicht noch wichtiger ist, von entscheidender Bedeutung für unser Verständnis von Erziehung und psychischer Gesundheit sein. Entsprechend könnte dies weitreichende Folgen für die Gesellschaft als Ganze haben, wenn, wie dies die buddhistische Tradition für sich in Anspruch nimmt, die systematische Kultivierung von Mitgefühl zu einer radikalen Änderung der Einstellung von Individuen, zu größerer Empathie gegenüber anderen führt.

Darüber hinaus glaube ich, dass die Zusammenarbeit zwischen Neurowissenschaft und der buddhistischen kontemplativen Tradition neues Licht auf die lebenswichtige Frage nach der Verbindung von Ethik und Neurowissenschaft werfen kann. Gleichgültig, welche Auffassung bezüglich der Art dieser Beziehung zwischen Ethik und Wissenschaft vertreten wird, in der Praxis hat sich die Wissenschaft in erster Linie als empirische Disziplin mit einer moralisch neutralen, wertfreien Haltung herausgebildet. Sie wird im Wesentlichen als eine Form von Forschung wahrgenommen, die detailliertes Wissen über die empirische Welt und die der Natur zugrunde liegenden Gesetze liefert.

Vom rein wissenschaftlichen Standpunkt aus gesehen, ist die Entwicklung von Nuklearwaffen eine wirklich verblüffende Leistung. Weil diese Erfindung jedoch das Potenzial besitzt, enormes Leiden zu bewirken, weil sie ein kaum vorstellbares Maß an Tod und Vernichtung zur Folge hat, sehen wir sie als destruktiv an. Es ist die ethische Bewertung, die festlegen muss, was positiv und was negativ ist. Bis vor Kurzem schien dieser Ansatz einer Trennung von Ethik und Wissenschaft, in Verbindung mit der Auffassung, dass die menschliche Fähigkeit, moralisch zu denken, sich abseits vom menschlichen Wissen entwickelt, erfolgreich zu sein.

Meiner Ansicht nach steht die Menschheit gegenwärtig an einem entscheidenden Wendepunkt. Die grundlegenden Fortschritte, die in der Neurowissenschaft und besonders in der Genetik gegen Ende des 20. Jahrhunderts stattgefunden haben, haben eine neue Ära in der Geschichte des Menschen eingeläutet. Unser Wissen über das menschliche Gehirn und den Körper auf der zellulären und genetischen Ebene, in Verbindung mit den daraus folgenden technischen Möglichkeiten der genetischen Manipulation, hat eine Stufe erreicht, auf der die ethischen Herausforderungen an diese wissenschaftlichen Entwicklungen massiv gewachsen sind. Es ist in jeder Hinsicht offensichtlich, dass unser moralisches Denken nicht in der Lage gewesen ist, mit dem rapiden Zuwachs von Wissen und Handlungsmöglichkeiten Schritt zu halten.

Doch die Auswirkungen dieser neuen Entdeckungen und deren Anwendung sind so weitreichend, dass sie unsere Auffassung vom Wesen des Menschen grundlegend verändern und das Fortbestehen der Menschheit bedrohen. Deshalb ist es nicht länger angemessen, sich der Auffassung anzuschließen, unsere gesellschaftliche Verantwortung bestünde lediglich im Ansammeln wissenschaftlicher Erkenntnis und der Erweiterung der technischen Möglichkeiten. Auch die Frage, wie dieses Wissen und diese Möglichkeiten einzusetzen sind, sollte nicht von einigen wenigen entschieden werden.

Wir müssen Wege finden, grundlegende humanitäre und ethische Erwägungen in Beziehung zur wissenschaftlichen Entwicklung zu setzen, insbesondere den Naturwissenschaften. Wenn ich mich auf fundamentale ethische Prinzipien berufe, rede ich nicht von einer Verschmelzung von religiöser Ethik und wissenschaftlicher Forschung. Vielmehr spreche ich von etwas, dass ich als „säkulare Ethik“ bezeichne. Diese umfasst zentrale ethische Prinzipien wie Mitgefühl, Toleranz, Fürsorge, Rücksichtnahme auf andere und den verantwortungsvollen Einsatz von Wissen und Macht – Prinzipien, welche die Schranken zwischen Glauben und Nicht-Glauben sowie zwischen den Anhängern verschiedener Religionen überschreiten. Mir persönlich gefällt die Vorstellung, dass alle menschlichen Handlungen, eingeschlossen die Wissenschaft, wie die Finger einer Hand sind: Solange diese Finger in Verbindung mit der Hand stehen, das heißt mit der zum Wesen des Menschen gehörenden Fähigkeit zur Empathie und Selbstlosigkeit verbunden sind, werden sie weiterhin dem Wohlergehen der Menschheit dienen.

Wir alle sind Bewohner einer gemeinsamen Welt. Die moderne Wirtschaft, die elektronischen Medien, der internationale Tourismus wie auch die Umweltprobleme erinnern uns täglich daran, wie umfassend die Welt heute miteinander verbunden ist. Den wissenschaftlichen Disziplinen kommt in dieser wechselseitig verbundenen Welt eine äußerst wichtige Rolle zu. Aus historischen Gründen – welche auch immer es sein mögen – genießen Wissenschaftler heutzutage großen Respekt und beträchtliches Vertrauen in der Gesellschaft, weit mehr als mein eigener Wissenszweig der Philosophie und Religion. Ich bitte die Wissenschaftler, die Gebote der beschriebenen grundlegenden ethischen Prinzipien in ihre Arbeit einfließen zu lassen, die uns allen als menschlichen Wesen gemeinsam sind.

Danksagung

Ich bin Seiner Heiligkeit dem Dalai Lama zu tiefem Dank verpflichtet, dass er einen unwürdigen und unverdienten „chela“ (Studenten), wie ich es bin, seit über drei Jahrzehnten in seiner Nähe duldet und ihm mit großer Geduld und verwandelnder Zuneigung begegnet. Mit großem Mitgefühl hat er mich bei meinen Anstrengungen, das Dharma zu verstehen, unterstützt und liebevoll ermutigt. Auch bei der Herausgabe und Zusammenstellung des vorliegenden Buches war dies der Fall. Dieses Projekt ermöglichte mir einen tiefgehenden Lernprozess. Für alle Unzulänglichkeiten trage ich allein die Verantwortung.

Die *Foundation for Universal Responsibility* und ich danken Ven Lhakdor, sowohl in seiner Eigenschaft als Direktor der *Library of Tibetan Works and Archives* und Verwalter der Rechte für die *Library of Tibet* sowie für seine Erlaubnis, Auszüge aus Veröffentlichungen dieser beiden Einrichtungen zu verwenden. Wir danken dem Büro Seiner Heiligkeit und dessen ehemaligem Sekretär Herrn Tenzin Geyche für seine Hilfe und Unterstützung bei der Sicherstellung und Bereitstellung weiterer Auszüge. Herr Chhime R. Chhoekyapa (Sekretär), Herr Tenzin Takhla (Zweiter Sekretär) und Herr Tempsa Tsering (Minister und Repräsentant in Delhi) stellten großzügig und beständig ihre Zeit, Weisheit und Unterstützung zur Verfügung.

Die Familie von Tendzin Choegyal und Rinchen Khando in Tibet war lange Jahre eine Quelle großen, oftmals nachsichtigen Zuspruchs.

Mein Originalverlag *Hay House* war wunderbar, geduldig und überaus ermutigend. Zutiefst dankbar bin ich Ashok Chopra, der mich unterstützte und darin bestärkte, mich als Autor zu entwickeln und weitere Bücher vorzubereiten. Ratika Kapur, mein Lektor bei *Hay House*, bewies Sorgfalt in Bezug auf Details und besitzt die seltene Gabe, versteckte Unklarheiten aufzuspüren.

Etliche Menschen halfen mir während der Entstehung des Manuskripts, indem sie mir unschätzbare Einsichten mitteilten und Vorschläge unterbreiteten. Großen Dank an Swati Chopra, Shalini Srinivas, Jasjeet Purewal und Bindu Badshah.

Die Mitarbeiter der *Foundation*, besonders Kunjo Tashi, Raji Ramanan, Thupten Tsewang und R. Lalita, standen mir stets hilfreich zur Seite. Padmini und Krishnan von *Kripa Consultants* sowie meine Kollegen bei *Public Service Broadcasting Trust*, Tulika Srivastava, Ridhima Mehra, Sohni Ralia Ram, Aarti Narain und Sunil Srivastava, nahmen mir viele meiner alltäglichen Verpflichtungen ab, um mir Zeit und Raum für ein Projekt wie dieses zu ermöglichen.

Meine Frau und gleichzeitig beste Freundin Meenakshi Gopinath, mein Vater Har Narain Mehrotra, meine verstorbene Mutter Shanti Mehrotra und Sarada Gopinath haben mich viel über das Dharma gelehrt, ohne dass sie es in irgendeiner formellen Weise studiert hätten.

Rajiv Mehrotra
Kurator und Sekretär
Foundation of Universal Responsibility
Seiner Heiligkeit des Dalai Lama, New Dehli
www.furhhdl.org

Quellenverzeichnis

Unser Dank gilt den nachfolgend genannten Einrichtungen für die Erlaubnis, urheberrechtlich geschütztes Material nachzudrucken:

- Der *Library of Tibet* für Auszüge aus:
  - *The Way to Freedom*
    (dt. Titel.: *Der Weg zur Freiheit*)
  - *Awakening the Mind, Lightening the Heart*
    (dt. Titel: *Den Geist erwecken, das Herz erleuchten*)
  - *The Joy of Living und Dying in Peace*
    (dt. Titel: *Die Freude, friedvoll zu leben und zu sterben*)
- Der *Library of Tibetan Works and Archives* für Auszüge aus:
  - *The Buddhism of Tibet* and
    The Key to the Middle Way
  - *Universal Responsibility and the Good Heart*
  - *Cultivating a Daily Meditation*
  - *Opening the Mind and Generating a Good Heart*
- Dem Büro Seiner Heiligkeit des Dalai Lama für Artikel und bisher unveröffentlichtes Material.

„Die Stiftung realisiert Projekte, die allen Menschen zugutekommen. Sie richtet ihr Augenmerk in besonderer Weise auf die Anwendung gewaltloser Methoden, die Verbesserung der Kommunikation zwischen Religion und Wissenschaft, die Sicherung von Menschenrechten und demokratischen Freiheiten sowie den Erhalt und die Wiederherstellung unserer kostbaren Mutter Erde."

Seine Heiligkeit der Dalai Lama

Die *Foundation of Universal Responsibility* Seiner Heiligkeit des Dalai Lama ist eine gemeinnützige, nicht konfessionell gebundene Einrichtung, die mithilfe des 1989 an den Dalai Lama verliehenen Nobelpreises ins Leben gerufen wurde. Im Geiste der UN-Charta bringt sie Männer und Frauen verschiedener Glaubensrichtungen, Berufe und Nationalitäten durch eine Vielzahl sich wechselseitig unterstützender Initiativen zusammen. Die Stiftung ist weltweit aktiv und geht über nationale politische Programme hinaus.

Ihre Zielsetzungen lauten:

- Förderung der Wertschätzung von Vielfalt, des Geistes universaler Verantwortung und des Verständnisses für die wechselseitige Abhängigkeit von Weltanschauungen, Überzeugungen und Religionen

- Hilfestellung bei der Verwandlung Einzelner, die gleichzeitig einen gesellschaftlichen Wandel ermöglicht und fördert
- Entwicklung und Förderung von Friedensprozessen und entsprechenden Initiativen in Regionen mit gewaltsamen Konflikten und sozialen Unruhen
- Unterstützung und Förderung von *Ahimsa* (Gewaltlosigkeit) als Leitprinzip menschlichen Handelns sowie in Bezug auf das Verhältnis von Mensch und Umwelt
- Sammeln von Beispielen für Trennung überwindende und ganzheitlich arbeitende pädagogische Ansätze, die erfahrungsbezogenes Lernen, kulturübergreifenden Dialog und eine globale Ethik von Frieden und Gerechtigkeit in den Vordergrund stellen
- Förderung friedlicher Konfliktlösung, von Menschenrechten und demokratischen Freiheiten durch eine weltweite Vernetzung von Bürgerrechtsgruppen
- Entdeckung neuer Wege zu einem tieferen Verstehen des Geistes, indem Brücken zwischen Wissenschaft und Spiritualität gebaut werden
- Unterstützung bei der professionellen Ausbildung sowie Vernetzung zukünftiger Führungspersönlichkeiten und Entscheidungsträger mithilfe von Stipendien
- Entwicklung von Medien und Lehrmaterialien, welche die Ziele der Stiftung fördern sollen

Über den Dalai Lama

Seine Heiligkeit der Dalai Lama (Tenzin Gyatso) ist der 14. und derzeitige Dalai Lama. Er wurde am 6. Juli 1935 als fünftes von insgesamt 16 Kindern einer Bauernfamilie in der tibetischen Provinz Amdo geboren. Im Alter von zwei Jahren wurde er als *Tulku* (Wiedergeburt) des 13. Dalai Lama entdeckt. Mit 15 Jahren wurde er als tibetisches Staatsoberhaupt und wichtigster politischer Führer eingesetzt, während Tibet mit der Invasion der chinesischen Volksbefreiungsarmee konfrontiert war.

Nach dem Zusammenbruch der tibetischen Widerstandsbewegung im Jahr 1959 floh der Dalai Lama nach Indien, wo er aktiv am Aufbau einer tibetischen Exilregierung und am Erhalt tibetischer Kultur und eines tibetischen Erziehungswesens unter den Tausenden der mit ihm gemeinsam geflüchteten Menschen beteiligt war.

Als charismatischer und berühmter öffentlicher Lehrer bereiste Seine Heiligkeit der Dalai Lama den Westen. Dort half er, den buddhistischen Glauben zu verbreiten. Er wirbt für die Idee der Universalen Verantwortung, für säkulare Ethik und religiöse Harmonie. Im Jahr 1989 erhielt er den Friedensnobelpreis für seine angesehenen Schriften und seinen Einsatz für die Lösung internationaler Konflikte, für Fragen der Menschenrechte und globaler Umweltprobleme.